CW01370593

UNIVERSALE
ECONOMICA
FELTRINELLI / SAGGI

MIGUEL BENASAYAG
GÉRARD SCHMIT
**L'epoca delle
passioni tristi**

Traduzione di Eleonora Missana

Titolo dell'opera originale
LES PASSIONS TRISTES. SOUFFRANCE PSYCHIQUE
ET CRISE SOCIALE

© Éditions La Découverte, Paris 2003

Traduzione dal francese di
ELEONORA MISSANA

© Giangiacomo Feltrinelli Editore Milano
Prima edizione in "Campi del sapere" maggio 2004
Prima edizione nell'"Universale Economica" – SAGGI
ottobre 2005
Dodicesima edizione aprile 2017

Stampa Nuovo Istituto Italiano d'Arti Grafiche - BG

ISBN 978-88-07-88324-8

www.feltrinellieditore.it
Libri in uscita, interviste, reading,
commenti e percorsi di lettura.
Aggiornamenti quotidiani

razzismobruttastoria.net

Breve dichiarazione di intenti

"L'ascolto..." è la formula magica, l'"apriti Sesamo!" del nostro lavoro quotidiano in psichiatria. La parola come unico metodo terapeutico? No, ne esistono molti altri: forme di mediazione di diverso tipo, cure individuali e di gruppo, lavoro nelle e con le istituzioni, e perfino, talvolta, l'uso di farmaci. Ma, nel campo della psichiatria infantile e dell'adolescenza, il lavoro rimane centrato sulla parola e sull'ascolto. La relazione con il paziente è innanzitutto "psicoterapeutica", in un'accezione ampia del termine.

Oggi, due veterani dell'ascolto prendono la parola e chiedono a loro volta che li si ascolti. Il lettore potrà domandarci: "Allora, che c'è di nuovo, dottore, nella vostra specialità?". Concedeteci un po' di attenzione, ma tranquillizzatevi: non pretendiamo di avere le risposte alle molteplici domande che vengono rivolte ogni giorno ai professionisti dei centri di consulenza psichiatrica o dei centri medico-psicopedagogici.

Il nostro obiettivo è un altro: cercare di comprendere i nuovi problemi con cui siamo posti a confronto nel corso del nostro lavoro, e quelli che le famiglie che ci consultano devono affrontare e vivere. Comprendere i problemi e proporre qualche spunto di riflessione.

Nuove forme di sofferenza psichica?

Nella prima parte di questo lavoro desideriamo riflettere sull'aumento, che constatiamo ogni giorno, delle richieste di aiuto rivolte ai nostri servizi dalle famiglie, dalle istituzioni, dagli individui, in breve, dall'insieme della società. E più in generale sul fatto che, a nostro avviso, questa evoluzione è una testimonianza dell'innegabile tristezza che attraversa la società attuale.

È vero che siamo, in un certo senso, gli specialisti della crisi. Nei nostri servizi non si viene a parlare con un "dottore della vita affettiva" e meno ancora con un "dottore della felicità", ma con qualcuno che possiede certe tecniche di base e che *è supposto sapere* (così si immagina volentieri il clinico dell'ascolto). Da qualche tempo a questa parte, però, è in atto un cambiamento che costringe a porsi alcuni interrogativi. Siamo di fronte probabilmente a un fenomeno di tipo nuovo, non riducibile all'evoluzione quantitativa delle domande di aiuto. Se è vero infatti che oggi l'affluenza supera di gran lunga la capacità di risposta delle nostre istituzioni, ci pare di poter individuare innanzitutto un vero e proprio cambiamento qualitativo, di cogliere un malessere che siamo impreparati ad affrontare non solo per la sua ampiezza, ma forse soprattutto per il suo contenuto.

Nei nostri servizi, siamo *normalmente* chiamati ad ascoltare, accogliere e trattare la sofferenza psichica dei giovani e delle famiglie che ci consultano. Al tempo stesso, è evidente che nel corso della storia le forme stesse del malessere, della sofferenza e del suo oggetto, evolvono e mutano. È ciò che accade oggi, e cerchiamo dunque di individuare nelle problematiche psicologiche alcune costanti che ci consentano di seguire questa evoluzione. Evitiamo fraintendimenti: noi continuiamo naturalmente a ricevere i bambini e i giovani che presentano sintomi e malattie di tipo psicologico. Ma è sempre ai nostri servizi che le famiglie, la scuola, i quartieri, il mondo del lavoro, la giustizia, tutti in situazione di crisi, indirizzano ogni giorno centinaia di bambini e di giovani. I nostri servizi sono così diventati, un po' alla volta, una specie di imbuto in cui si riversa la tristezza diffusa che caratterizza la società contemporanea.

Terapeuti della crisi della società?

Questa ondata di richieste di aiuto riflette l'angoscia di un'intera popolazione: vediamo passare famiglie che ci interpellano perché sono scoppiate, o perché la disoccupazione cronica dei genitori e l'isolamento progressivo dal gruppo provocano una sofferenza psichica e sociale; insegnanti che ci consultano per cercare risposte "tecniche" ai loro problemi quotidiani di violenza, racket e droga... A tali richieste quotidiane si aggiungono quelle degli educatori, dei giudici, degli assistenti sociali e di altri soggetti sociali e istituzionali. Tutti costoro sembrano percepirci come dei tecnici in grado (forse) di offrire ipotesi interpretative e di aiutarli a pensare le situazioni che devono affrontare.

Così, da una parte chi opera sul territorio ha spesso l'impressione che ci siano psicologi dappertutto e che sia impossibile fare un solo passo senza incontrarne uno; dall'altra, posti a confronto con la cupezza e l'angoscia del quotidiano, vengono da noi, come se fossimo l'ultima diga di fronte alle situazioni incomprensibili e dolorose che li sommergono. Tale ambivalenza sociale nei confronti degli psicoterapeuti è totalmente comprensibile (e torneremo sull'argomento), ma possiamo già anticipare che non è privo di significato trasformare le nostre storie di vita in casi clinici. La complessità del tutto naturale del vivere è forse diventata patologica? Esiste oggi una reale incapacità di farsi carico di una situazione di angoscia, magari ampia e generalizzata, senza considerarla di competenza innanzitutto della *tecnica*?

Con gradazioni diverse, tutte le situazioni che incontriamo generano sofferenza. Ma sono davvero tutte di competenza della psicologia? Nella loro diversità, hanno alcuni punti in comune: il carattere ansiogeno, i passaggi violenti all'atto (compresa, naturalmente, la violenza su di sé), un sentimento di emergenza, di crisi e di destabilizzazione. Ma, al tempo stesso, come ignorare il fatto che nella nostra società si sta imponendo un vero e proprio quotidiano della precarietà? Di fatto, alcune di queste situazioni si presentano come una serie di irruzioni impensabili e imprevedibili, che ci immergono in un sentimento di emergenza.

Sicuramente, il fatto di vivere con un sentimento (quasi) permanente di insicurezza, di precarietà e di crisi produce conflitti e sofferenze psicologiche, ma ciò non significa che l'origine del problema sia psicologica.

Proviamo a illustrare con un esempio la relazione tra la dimensione psicologica e la crisi della nostra società. Quando si verifica un incidente stradale, per i feriti e per chi ne esce incolume è previsto un servizio di assistenza psicologica: nessuno nega che in questi casi si manifesti una sofferenza psicologica, ma al tempo stesso nessuno pensa che si tratti di problemi di origine psicologica. Esiste un'assistenza psicologica anche per le vittime di attentati, eppure nessuno pensa che gli attentati e la politica mondiale siano delle "questioni psicologiche".

Che ogni fatto sociale comporti, in misura maggiore o minore, una dimensione psicologica non autorizza a pensare che tutto derivi da questa, con il rischio di fare degli psicoterapeuti delle specie di guru da consultare in ogni occasione e capaci di pronunciarsi su qualsiasi argomento.

Confusione nella clinica

Un nuovo tipo di richiesta si aggiunge dunque a quella classica, di tipo psicopatologico, per la quale siamo stati formati. È questa nuova forma di malessere, divenuta preponderante in pochi anni e per rispondere alla quale noi, "tecnici della sofferenza", non siamo stati veramente preparati, che ci proponiamo di analizzare in questo libro. È nostro dovere chiarire le coordinate del sapere – presunto o reale – che ci autorizzerebbe a rispondere a una crisi così profonda della società. Dobbiamo inoltre avvisare il nostro pubblico che forse le risposte che si aspetta non possono venire da noi; e che, comunque, le nostre non saranno "risposte tecniche".

Non si tratta, ancora una volta, di schivare il problema: vogliamo, al contrario, evitare che il nostro atteggiamento o il nostro silenzio diano l'illusione che certe risposte esistano, che determinate persone detengano le risposte giuste per affrontare il disagio della nostra civiltà. In realtà, questo disagio non chiama in causa solo delle competenze professionali: la risposta a determinati problemi della società non può essere meramente tecnica.

Invece la medicalizzazione, che tende oggi a monopolizzare la risposta clinica, va proprio in questa direzione. State male? Soffrite? I laboratori farmaceutici propongono di occuparsi in primo luogo del disordine molecolare. Dopo tutto, che cos'è l'essere umano se non un assemblaggio più o meno riuscito di molecole? Ironia a parte, non abbiamo nulla contro i farmaci.

Noi vorremmo però sollecitare una riflessione più complessa, al di là delle dispute tra le diverse scuole e delle discussioni tecniche sulle diverse modalità di cura. È innegabile che esistano tendenze e schieramenti contrapposti, ma riteniamo che nell'insieme il personale curante offra prestazioni valide; meglio ancora, constatiamo che, una volta usciti dalle piccole guerre tra le diverse scuole, i professionisti della sfera psico-medico-sociale sono in generale donne e uomini che prendono molto seriamente il loro compito, che studiano e ricercano continuamente, considerando spesso l'aggiornamento continuo come una parte logica e necessaria del loro lavoro.

Dire questo non significa fare della demagogia nei confronti dei nostri colleghi. Al contrario: in un certo senso, questa efficienza è piuttosto inquietante, di fronte all'insufficienza delle risposte che siamo in grado di offrire. Infatti, contrariamente a quel che può credere un "profano", non possiamo, nell'ambito dell'accoglienza psicologica, accontentarci di parlare di performance, come se si trattasse di eseguire un lavoro concreto rispetto al quale saremmo più o meno efficienti, più o meno dilettanti.

Questo è, del resto, uno dei temi cruciali della nostra problematica, perché non si possono paragonare tali performance senza essersi accordati preliminarmente su un chiaro obiettivo comune. Tutto procede come se avessimo tutti un obiettivo comune, un'unica Itaca, e ci limitassimo semplicemente a confrontare, come tanti Ulisse, i percorsi migliori per raggiungerla. Ma le cose non stanno affatto così: esistono invece ben pochi punti in comune tra un terapeuta che ritiene che, poiché i comportamenti psicologici hanno sempre una base biologica, si debba mettere a punto una "terapia delle molecole"; e quello che, all'opposto, cerca di accompagnare il suo paziente nella ricerca del senso che si nasconde nel cuore del sintomo. Tali approcci rinviano a concezioni filosofiche, a visioni dell'essere umano, della società e della cultura del tutto differenti, dando luogo di conseguenza a pratiche terapeutiche radicalmente diverse e talvolta opposte.

Questa contrapposizione è strutturante, anche se la differenza non è sempre chiaramente identificabile. Nella pratica, in effetti, un terapeuta che cerca di comprendere il "senso nascosto nel sintomo" può, evidentemente, prescrivere dei farmaci; e, allo stesso modo, l'adepto della "terapia delle molecole" può anche dialogare con il paziente per ascoltare ciò che ha voglia di dire e ciò che pensa. Questo però non giustifica la confusione che contraddistingue lo stato attuale della pratica psicoterapeutica, che vede i vari terapeuti ricorrere alle diverse tecniche disponibili come se queste non comportassero nessuna sostanziale differenza di concezione. Quello che sembra *a priori* un sano atteggiamento antidogmatico (e in una certa misura lo è) è nella realtà fonte di incoerenza e di scarsa riflessione. Anziché facilitare il lavoro e la risposta, contribuisce a creare un panorama che i pazienti e le loro famiglie conoscono bene: quello in cui "tutto è possibile", in cui nessuno afferma niente... e in cui spesso tutto finisce con l'abbandono dei pazienti e delle loro famiglie, che rimangono di fronte ai loro problemi, con un'incertezza e una solitudine ancora più assoluti.

Potremmo rallegrarci di vivere in un'epoca che si definisce poco *ideologica* sul piano professionale: tutto sembra far pensare che discutiamo semplicemente "tra seri professionisti" dell'efficacia dei nostri diversi metodi di cura. Ma qui sta il problema, perché discutere solo di efficienza e di tecnica crea inevitabilmente l'illusione che, al di là della tecnica adottata, miriamo tutti, nel nostro lavoro, al medesimo obiettivo. E, come abbiamo già detto, la cosa non è così scontata.

La sfida lanciata ai "tecnici della crisi"

Come "tecnici della crisi", vorremmo comprendere inoltre i casi in cui una crisi non interviene, nella vita di una persona o di una famiglia, come una rottura, un incidente che costituisce una parentesi in un *continuum* stabile. Poiché le crisi di cui ci occupiamo oggi avvengono in effetti – e questa è la novità – in una società essa stessa in crisi. Detto altrimenti, cosa succede quando la crisi non è più l'eccezione alla regola, ma è essa stessa la regola nella nostra società?

La crisi nella crisi: ecco il punto centrale a partire dal quale cerchiamo di comprendere l'evoluzione della domanda di aiuto per poter elaborare risposte adeguate. È un modo di procedere in cui agiamo contemporaneamente come clinici e come cittadini.

Tale crisi nella crisi può essere rappresentata con una semplice immagine: la persona che soffre è in una situazione che assomiglia a quella di una barca che, lasciato il porto, si ritrova in mezzo a una burrasca. Il clinico deve a quel punto aiutare l'imbarcazione a riguadagnare le acque calme e a rientrare in porto. Ora, proseguendo la metafora, oggi la maggior parte delle persone sembrano convinte

13

che, una volta superata la tempesta, il porto d'arrivo non esista, o, piuttosto, non esista più. Fuor di metafora, questo significa che ci troviamo nella situazione imbarazzante in cui il nostro aiuto non può più accompagnare fino al "porto d'arrivo" le persone che attraversano una crisi: dobbiamo accontentarci di *stabilizzarle* nella crisi.

La crisi diventa così un orizzonte insormontabile per la nostra società e per ciascuno di noi. Questa è la sensazione che proviamo di fronte alle migliaia di bambini, di giovani a rischio e di famiglie per i quali non possiamo far altro che rimediare alle emergenze, perché la crisi è diventata la loro condizione permanente. Sappiamo bene che questo non si deve dire. Armati delle nostre lauree, dovremmo agire come degni capitani che sanno sempre dove condurre "la barca della cura".

Ma forse il senso etico, un desiderio di autenticità o più semplicemente una certa lealtà nei confronti dei nostri pazienti ci inducono a seguire umilmente le tracce del pensiero socratico, che è del resto l'origine di ogni pensiero creativo. Non ci sottraiamo alla consapevolezza di *non sapere* e ci sforziamo di riconoscere i nostri limiti, non certo per abbandonare coloro che si rivolgono a noi ma, al contrario, proprio per affermare che siamo all'ascolto di questa angoscia contemporanea.

Attualmente in Francia, come in altri paesi, migliaia di giovani, accompagnati dalle famiglie, vagano letteralmente da una istituzione all'altra, da un consulto all'altro, trasportando un pesante fardello di sofferenza e di patologia. Sicuramente incontrano sulla loro strada buoni clinici e buoni servizi, ma è difficile che trovino un'accoglienza capace davvero di rispondere alle loro richieste di aiuto. Teniamo a dire, con un forte senso di empatia nei confronti di queste famiglie, che non si sbagliano, che non hanno una percezione alterata della realtà. E che, per chi soffre di difficoltà psicologiche ed esistenziali, esiste realmente un problema sul piano dell'accoglienza e dell'aiuto.

Come clinici sappiamo bene quanto sia ansiogeno, o addirittura patogeno, mettere in dubbio la veridicità della percezione del mondo di qualcuno. Per questo motivo porre come premessa il riconoscimento delle nostre difficoltà può essere un atto terapeutico che consente alle famiglie di allontanare i dubbi sulle proprie capacità di trovare un aiuto soddisfacente, un buon servizio, un buon clinico. Infatti incontriamo molte famiglie che soffrono non solo per la malattia di uno dei componenti, ma anche per l'angoscia non indifferente provocata dall'idea di non essere in grado di occuparsi del proprio problema o di non essere una "buona" famiglia e che, alla fine, sia colpa loro se non trovano una soluzione adeguata.

Per tutte queste ragioni ci sembra importante e costruttivo riconoscere le nostre mancanze, e anche il nostro stupore, di fronte a questa crisi della società che penetra senza preavviso all'interno dei nostri centri di consulenza, e che ci lascia tanto disarmati.

Desideriamo concludere questa introduzione con un "avviso al lettore": noi non siamo né ottimisti né pessimisti ma ci poniamo assolutamente in un'altra dimensione, quella della riflessione critica. Ci proponiamo di indagare la sfera psicologica sottolineando i nostri limiti, le nostre mancanze, i problemi che incontriamo nel nostro lavoro quotidiano... Pensiamo infine che, come diceva Antonio Gramsci, occorra saper conciliare l'ottimismo della volontà con il pessimismo della ragione... Con questo stato d'animo intendiamo sviluppare, di fronte al dilagare delle *passioni tristi*, una prassi governata dalle *passioni gioiose*.

1. La crisi nella crisi

La crisi individuale, psicologica, risulterebbe quindi inscritta in una crisi più generale. Ma in cosa consiste allora questa crisi della società e della cultura che ingloba al suo interno le crisi personali e familiari?

La questione è stata e continua a essere oggetto di indagine e di riflessione da parte di molti filosofi, sociologi e antropologi, e anche noi abbiamo tentato di affrontarla da un punto di vista storico e filosofico.[1] Si può affermare ad esempio, citando Foucault, che l'epoca dell'uomo è tramontata. Potremmo anche parlare della fine della modernità o della *rottura dello storicismo teleologico*, del venir meno cioè di quella credenza che stava a fondamento delle nostre società e che si manifestava nella speranza in un futuro migliore e inalterabile: una sorta di *messianismo scientifico* che assicurava un domani luminoso e felice, come una Terra promessa.

Non si tratta solo di dare un nome a questa crisi della nostra cultura: molti studiosi stanno cercando di definire cosa sia propriamente in crisi, e cosa, in questa crisi, venga abbandonato o messo in discussione. È ovviamente troppo presto per dire con precisione cosa sia destinato a

---

[1] Cfr. Miguel Benasayag, *Le Mythe de l'individu*, La Découverte, Paris 1998 (tr. it. di Francesca Checchia e Guido Lagomarsino, *Il mito dell'individuo*, Movimenti e Cambiamenti editrice, Milano 2002).

essere mantenuto e ad essere abolito, quali novità (buone o cattive) ne possano derivare.

Il futuro cambia sègno

È comunque difficile immaginare che tutti questi concetti, senz'altro pertinenti, possano avere una ricaduta sulle nostre vite. Qui ci interessa affrontare il problema in modo molto concreto, cercare di capire come qualcosa di apparentemente esterno alla nostra esistenza possa avere un forte impatto sulla nostra quotidianità. Come si manifestano concretamente queste difficoltà nel corpo e nella mente? Perché in effetti la crisi si rivela spesso nei fatti più quotidiani, inconsapevoli e banali. La maggior parte delle volte, ciò che "ci capita", che ci fa soffrire e che ci costituisce non proviene almeno in parte da una fonte esterna?

Per rispondere a queste domande, proviamo a focalizzare l'attenzione su un tema che ci sembra centrale e che consente immediatamente di comprendere questa crisi dell'interiorità originata dall'esterno: il modo in cui l'uomo d'oggi vive e percepisce il tempo, il suo tempo. Tale percezione è profondamente segnata da quello che potremmo definire *cambiamento di segno del futuro*.

Il futuro "cambia segno"? Più che un'astrazione sembra un'assurdità. E tuttavia non lo è. Assistiamo, nella civiltà occidentale contemporanea, al passaggio da una fiducia smisurata a una diffidenza altrettanto estrema nei confronti del futuro. Ma si tratta davvero dello stesso futuro? Sicuramente no. Il futuro non è semplicemente ciò che ci capiterà domani o dopodomani, ma ciò che ci distacca dal presente ponendoci, contemporaneamente, in una prospettiva, in un pensiero, in una proiezione... In sintesi, il futuro è un concetto. Proviamo a chiarire con un semplice esempio. Non più di quarant'anni fa tutti pensavamo che, prima o poi, saremmo riusciti a guarire malattie gravi come il cancro. Credevamo con forza che saremmo riusciti a "spiegare le leggi della natura", e quindi a modificare quel che ci sembrava difettoso. Ciò che si ignorava riguardo alle malattie era considerato in biologia *non ancora conosciuto*... In questa sfumatura del "non ancora" risuonava la speranza e la promessa di una realizzazione futura, di un avvicinamento progressivo alla conoscenza. Lo stesso valeva per l'ingiustizia sociale, l'ignoranza eccetera.

La cultura occidentale si è costituita a partire da questo "non ancora" carico di promesse messianiche. Basti pensare alle parole di Keplero che affermava, in sintesi, paragonando l'uomo a Dio: Dio conosce da sempre tutti i teoremi e le leggi della natura; l'uomo, invece, non li conosce tutti... non ancora. Non conoscere ancora "tutti i teoremi" significava semplicemente che l'uomo era un progetto *in fieri*, proteso verso la totalità, verso un sapere assoluto che era, né più né meno, quello stesso posseduto fino ad allora solo da Dio. "Discutere faccia a faccia con il creatore", questa era l'idea sovversiva di Keplero: come dire che anche se l'umanità non aveva ancora portato a termine la costruzione della torre di Babele della modernità, presto ci sarebbe riuscita.

Il futuro non era allora nient'altro che la metafora di una promessa messianica. Nelle nostre culture occidentali non era solo il giorno dopo o gli anni a venire... No, quella di essere il proprio messia, il proprio redentore era davvero una promessa che l'umanità aveva fatto a se stessa: così, futuro faceva rima con promessa, *era la promessa*. Nelle facoltà di medicina del XIX secolo circolavano, sommessamente, voci che lasciavano intravedere la speranza, quasi legittima, di vincere la morte.

Auguste Comte diceva che bisogna conoscere, rendere trasparente, per poter poi modificare. Le sue parole echeggiavano quelle del suo avversario politico, Karl Marx, oggi un po' dimenticato, il quale scriveva che si trattava, ora, di articolare le conoscenze con la necessità di trasformare il mondo. Dall'Austria si levò allora, fuori dal coro, la voce pessimistica di un celebre medico ebreo, che insinuava un certo sospetto nei confronti della fiducia nel progresso. Infatti, nello stesso momento in cui le scienze, la politica e la filosofia promettevano all'uomo una felicità che egli stesso avrebbe costruito, Freud scriveva che "in mancanza della felicità gli uomini si accontentano di evitare l'infelicità".[2] Oggi, la sconfitta dell'ottimismo ci lascia non solo senza promesse future ma, peggio ancora, con il sentimento che perfino "evitare l'infelicità" sia un compito troppo arduo per i nostri contemporanei.

L'Occidente ha fondato i suoi sogni di avvenire sulla convinzione che la storia dell'umanità sia *inevitabilmente* una storia di progresso. È il paradosso delle ideologie dominanti: le teorie di Sigmund Freud, profondamente critiche nei confronti della fede nel progresso, passarono comunque nel bilancio dell'epoca come un progresso in più da annoverare nella colonna "profitti". Oggi c'è un clima diffuso di pessimismo che evoca un domani molto meno luminoso, per non dire oscuro... Inquinamenti di ogni tipo, disuguaglianze sociali, disastri economici, comparsa di nuove malattie: la lunga litania delle minacce ha fatto precipitare il futuro da un'estrema positività a una cupa e altrettanto estrema negatività.

Il futuro, l'idea stessa di futuro, reca ormai il segno opposto, la positività pura si trasforma in negatività, la promessa diventa minaccia. Certo, le conoscenze si sono sviluppate in modo incredibile ma, incapaci di sopprimere la sofferenza umana, alimentano la tristezza e il pessimismo dilaganti. È un paradosso infernale. Le tecnoscienze progrediscono nella conoscenza del reale, gettandoci contemporaneamente in una forma di ignoranza molto diversa, ma forse più temibile, che ci rende incapaci di far fronte alle nostre infelicità e ai problemi che ci minacciano.

L'epoca delle "passioni tristi"

Per dirla in termini più chiari, viviamo in un'epoca dominata da quelle che Spinoza chiamava le "passioni tristi".

---

[2] Sigmund Freud, *Il disagio della civiltà (1930)*, in *Opere*, a cura di Cesare Musatti, vol. 10, Boringhieri, Torino 1978.

Con questa espressione il filosofo non si riferiva alla tristezza del pianto, ma all'impotenza e alla disgregazione. In effetti, constatiamo il progresso delle scienze e, contemporaneamente, dobbiamo fare i conti con la perdita di fiducia e con la delusione nei confronti di quelle stesse scienze, che non sembrano più contribuire necessariamente alla felicità degli uomini. È un paradosso, che produce il crollo della fiducia messianica di cui parlavamo poc'anzi. Non si trattava solo della fiducia in una crescita quantitativa: ben più ambiziosamente, la scienza era destinata a "dissipare le tenebre dell'incertezza". Per questo positivismo scientista, il razionale era l'"analiticamente prevedibile": l'uomo sarebbe stato in grado di conoscere tutto, la sua conoscenza sarebbe stata quella di una "luce senza ombre" e, soprattutto, avrebbe dovuto prevedere tutto ciò che poteva accadere per poter decidere con esattezza quale direzione imprimere alla sua vita e alla società.

La speranza era quella di un sapere globale, capace di spiegare le leggi del reale e della natura per poterli dominare. *Libero è colui che domina* (la natura, il reale, il proprio corpo, il tempo): questo era il fondamento dello scientismo positivista. Se l'universo è scritto in linguaggio matematico, come affermava Galileo, lo sviluppo dei saperi dovrebbe essere in grado di fornirne la traduzione, la scienza dovrebbe essere lo Champollion del reale: dovrebbe cioè poter "leggere" la natura come Champollion decifrava i geroglifici. È in questo senso che la promessa non si è realizzata: lo sviluppo dei saperi non ci ha installati in un universo di saperi deterministici e onnipotenti, tali da consentirci di dominare la natura e il divenire: al contrario, il XX secolo ha segnato la fine dell'ideale positivista gettando gli uomini nell'*incertezza*.

Quest'incertezza, peraltro, non significa una sconfitta della ragione: contrariamente al parere di molti contemporanei, che tendono a imboccare le diverse vie dell'irrazionalismo, l'*incertezza* che persiste, quell'incognita che vanifica la promessa dello scientismo non è affatto, a nostro parere, sinonimo di fallimento. Al contrario, quell'incertezza consente lo sviluppo di una molteplicità di forme non deterministiche di razionalità. In altre parole, il fatto che il determinismo e lo scientismo siano caduti dal piedistallo non implica affatto il crollo della razionalità, che essi avevano arbitrariamente monopolizzato.

Ma, se pensiamo alle speranze suscitate dallo scientismo, non possiamo non constatare tutta l'inquietudine e la tristezza provocate da questa evoluzione. Resta tuttavia una certezza, e non da poco: che questa tristezza si può superare. Ed è la forza di questa convinzione che ci guida nella formulazione di ipotesi per l'accoglienza e l'accompagnamento in psichiatria. Siamo convinti che il pessimismo diffuso di oggi sia esagerato almeno quanto l'ottimismo di ieri. O meglio, per noi clinici, impegnati quindi nella prassi effettiva, il pessimismo e l'ottimismo rimangono categorie troppo passive e immaginarie. La configurazione del futuro dipende in buona parte da ciò che sapremo fare nel presente.

La questione del senso

Crisi nella crisi: la nostra epoca sarebbe passata dal mito dell'onnipotenza dell'uomo costruttore della storia a un altro mito simmetrico e speculare, quello della sua totale impotenza di fronte alla complessità del mondo. Si sta ormai affermando l'idea che l'uomo non possa fare altro che subire le forze irrazionali della storia. Per noi la questione è tutt'altra: sicuramente, l'uomo non fa la Storia, ma cosa può fare l'uomo nella Storia?

La Storia e le storie personali, familiari e sociali sono altrettante dimensioni che, lungi dall'esistere in compartimenti stagni e autonomi, si intersecano incessantemente, delimitando in tal modo crocevia e singolarità. Come scriveva già Husserl nel 1930: "Nei momenti di disperazione della nostra vita – come si ode ovunque – questa scienza non ha nulla da dirci. Le questioni che la scienza esclude per principio sono proprio le questioni scottanti nella nostra infelice epoca per un'umanità abbandonata agli sconvolgimenti del destino: sono le questioni che riguardano il senso o l'assenza di senso dell'esistenza umana in generale".[3]

In effetti, anche se le tecnoscienze non cessano di progredire, il futuro resta più che mai imprevedibile, e ciò sembra gettare l'umanità di oggi in un'impotenza assoluta. È come se l'espansione della tecnica non potesse trovare alcun limite, alcuna risonanza in una riflessione capace almeno di orientarla, dato che non la può limitare. Il fatto che tutto ciò che è possibile realizzare tecnicamente lo sia per davvero, con conseguenze non da poco sul piano umano e culturale, lungi dal lasciare indifferenti, costituisce uno dei motivi quotidiani di ansia (anche se la cosa non viene pensata in questi termini).

Una crisi di tale portata ci investe con la sua forza d'urto, manifestandosi in una miriade di violenze quotidiane. Sono quelli che in gergo chiamiamo "attacchi contro i legami", indicativi di questa incapacità di elaborare un pensiero che ci consenta di uscire dalla crisi e dal suo corollario: la vita in stato di emergenza. Questo provoca una serie di passaggi all'atto incontenibili. Il mondo diventa per ognuno, e per i giovani in particolare, davvero incomprensibile. Non stupisce che, all'ombra di tale impotenza, si sviluppi la pratica dei videogiochi in cui ogni giovane, in una sorta di autismo informatico, diventa padrone del mondo in battaglie individuali contro nulla, su un percorso che non conduce da nessuna parte. Se tutto sembra *possibile,* allora più niente è *reale.* È in questa onnipotenza virtuale che le nostre società sembrano abbandonare la sfera del pensiero.

Proprio in quanto clinici vogliamo riflettere su questo nuovo disagio, che è fonte di molta sofferenza. Pensiamo infatti che questo percorso, lungi dall'essere astratto, sia necessario per capire quello che capita nelle nostre consultazioni e nella quotidianità più concreta. Dobbiamo co-

---

[3] Edmund Husserl, *La crisi delle scienze europee e la fenomenologia trascendentale*, tr. it. di E. Filippini, Il Saggiatore, Milano 1961.

gliere la novità della nostra epoca per discernere meglio le ragioni del malessere nella situazione in cui viviamo, noi e i nostri pazienti con le loro famiglie.

In quest'ottica è importante rendersi conto che il nostro mondo produce, paradossalmente, la prima grande società dell'ignoranza. Il rapporto che ognuno di noi intrattiene con le tecnoscienze che inondano il nostro quotidiano è infatti un rapporto di esteriorità assoluta. Ogni società del passato ha posseduto delle tecniche, ma i suoi membri conservavano per lo più con esse un rapporto che potremmo definire *di intimità*: al di là delle evidenti divisioni del lavoro, le tecniche non costituivano una *combinatoria autonoma*, non funzionavano secondo una propria logica, indipendente da ogni considerazione umana o culturale.

Ora, la nostra società è la prima che, possedendo delle tecniche, ne è anche, al tempo stesso, letteralmente posseduta. Ci limitiamo a premere dei pulsanti, ignorando il più delle volte quali meccanismi vengano innescati. Questa realtà storica produce inevitabilmente una soggettività straniata, un sentimento di esteriorità rispetto al mondo circostante. Il mondo e gli altri diventano oggetti d'uso, e i giovani sono perennemente bombardati da messaggi pubblicitari che li invitano a diventare i valorosi predatori dell'ambiente che li circonda.

Questo è lo sfasamento nel quale viviamo tutti i giorni: da una parte sogniamo una "grande scienza" perché ci offre le tecniche, fonte di comodità. Ma, dall'altra parte, soffriamo della nostra ignoranza, di non sapere minimamente come funzioni e come possa essere orientato o dominato quel "favoloso mondo della luce" che genera costantemente oscurità e incertezza.

2. Crisi dell'autorità

La crisi globale di cui abbiamo parlato e il lavoro terapeutico sulla *crisi nella crisi* ci pongono quotidianamente a confronto con uno dei sintomi più significativi della nostra epoca: la contestazione del principio di autorità. Questo sintomo è un elemento ricorrente nel nostro lavoro, che desta non poche preoccupazioni professionali (e personali), perché è indicativo di una crisi dei principi che fondano le relazioni tra adulti e giovani. Il complesso di questi principi, che consentono all'adulto di educare e di proteggere il giovane, è oggi in serio pericolo. D'altronde, non si può pensare di educare e accudire in modo identico in una società stabile che ha fiducia nel futuro e in una società in crisi che vive nella paura di quello "stesso" futuro.

La minaccia dell'autoritarismo

Il disagio che siamo chiamati ad affrontare nel nostro lavoro di psicoterapeuti riguarda sia la vita di quartiere che la scuola e le relazioni famigliari. In tutti questi casi siamo testimoni di una sofferenza legata, diremmo, a un'eclissi – o forse a un tracollo – del principio di autorità. A scuola, alle medie come alle superiori, il professore o l'educatore non sembrano più rappresentare un simbolo sufficientemente forte per i giovani: la relazione con l'adulto è infatti percepita ormai come *simmetrica.* Nel senso che non esistono più una differenza, un'asimmetria, in grado di instaurare automaticamente un'autorità e di costituire al tempo stesso un senso e un contesto propizi alla relazione.

In una relazione simmetrica, due esseri umani stabiliscono tra loro un rapporto di tipo contrattuale: nulla predefinisce la relazione al di fuori della relazione stessa. In un simile contesto è difficile per i genitori e per gli insegnanti tener fede al proprio ruolo perché, in nome del rispetto della *libertà individuale,* si sentono continuamente tenuti a giustificare le loro scelte nei confronti del giovane, che accetta o meno ciò che gli viene proposto in un rapporto paritario.

Questa simmetria genitore-figlio finisce a volte per cancellare la percezione dei bisogni del figlio in funzione della sua età, ovvero, in altri termini, della sua realtà effettiva. Sempre più spesso, infatti, vediamo genitori che chiedono un consulto per bambini anche molto piccoli, fra i due e i quattro anni, che vengono descritti come tirannici, violenti e indomabili. Questi genitori si stupiscono di non riuscire a convincere razionalmente i propri figli ad accettare, quasi per contratto, i limiti che cercano di imporre loro. Trattano il bambino come un loro pari – un altro simmetrico – che occorre persuadere e con il quale bisogna evitare a ogni costo di entrare in conflitto. Questa difficoltà dei genitori ad assumere una posizione di autorità rassicurante e "contenitiva" lascia il bambino solo di fronte alle proprie pulsioni e all'ansia che ne deriva. Il rapporto tra genitori e figlio diventa teso, ansioso, e la vita familiare si trasforma in uno psicodramma permanente... Tanto più se all'ansia del presente si aggiunge l'inquietudine per l'avvenire: cosa accadrà quando diventerà adolescente?

Paradossalmente, alla crisi del principio di autorità non corrisponde affatto una messa in discussione dell'autoritarismo. Anzi, proprio questa crisi apre la strada a varie forme di autoritarismo. Una società in cui i meccanismi di autorità sono indeboliti, lungi dall'inaugurare un'epoca di libertà, entra in un periodo di arbitrarietà e di confusione.

Questa società, infatti, oscilla costantemente tra due tentazioni: quella della coercizione e quella della seduzione di tipo commerciale. Così alcuni insegnanti cercano a volte di ottenere l'attenzione dei loro allievi mediante astuzie e tecniche di seduzione, perché la sola idea di dire "Mi devi ascoltare e rispettare semplicemente perché io sono *responsabile* di questa relazione" sembra ormai inammissibile. In nome della presunta libertà individuale, l'allievo o il giovane assumono il ruolo di clienti che accettano o rifiutano ciò che l'"adulto-venditore" propone loro. E quando questa strategia fallisce, non rimane altra via d'uscita che quella di ricorrere alla coercizione e alla forza bruta.

In realtà queste due tentazioni non sono altro che due varianti dell'autoritarismo provocato inevitabilmente dalla relazione di simmetria tra giovani e adulti. Non deve sorprendere che in tali condizioni si sviluppi la violenza, perché una relazione di questo tipo può fondarsi unicamente su un rapporto di forza (anche se si tratta di forza di seduzione o di convinzione). L'autoritarismo infatti non si fonda sul principio del rispetto di una persona che agisce "in nome della legge" (legge che, alla fine, ci unisce perché tutti le dobbiamo ubbidienza, e ci protegge). Con l'autoritarismo colui che rappresenta l'autorità si impone all'altro grazie alla sua forza, che è l'unica garanzia e l'unico fondamento della relazione.

Il principio di autorità si differenzia dall'autoritarismo in quanto rappresenta una sorta di fondamento comune ai due termini della relazione, in virtù del quale è chiaro che uno rappresenta l'autorità e l'altro ubbidisce; ma allo stesso tempo è convenuto che entrambi *ubbidiscono* a quel principio comune che, per così dire, predetermina dall'esterno la relazione. Il principio di autorità è quindi fondato sull'esistenza di un *bene* condiviso, di un medesimo obiettivo per tutti: io ti ubbidisco perché *tu* rappresenti

27

per *me* l'invito a dirigersi verso questo obiettivo comune, perché so che questa ubbidienza ti ha permesso di diventare l'adulto che sei oggi, come io lo sarò domani, in una società dal futuro garantito.

Oggi però il futuro non offre nessuna garanzia. E quando un giovane chiede "Perché devo ubbidirti?" molti adulti sono incapaci di rispondere chiaramente: "Perché io sono tuo padre... Perché io sono il tuo professore...". Se il giovane non è *sedotto* o *dominato*, non vede nessun motivo di ubbidire a questo suo simile che pretende di meritare il rispetto. In nome di cosa, in nome di quale principio?

È proprio questa la domanda cruciale in cui si cristallizza il problema dell'autorità: "In nome di cosa?". In nome di quale principio comune due partner, in una data situazione, accetteranno un rapporto gerarchico o di autorità, senza che questo degeneri trasformandosi in autoritarismo? Quando parliamo di crisi ci riferiamo proprio alla crisi di questa relazione.

La fine del principio di autorità-anteriorità

La confusione è ancora più grande in quanto, *a priori*, la contestazione dell'autorità costituita e della gerarchia sociale sembra sempre portatrice di istanze di emancipazione e di libertà. La lotta per l'indipendenza dal dominio coloniale, il movimento femminista, le battaglie per la conquista dei diritti civili delle minoranze, o ancora il movimento studentesco del maggio 1968 in Francia e altrove, non sono emersi ogni volta da una sana e appassionata contestazione dell'autorità?

Senza ombra di dubbio, sì. Il fatto è che la messa in questione dell'autorità di cui ci occupiamo qui non ha alcun rapporto con i movimenti di emancipazione che nascono da istanze di giustizia. Anzi, si tratta di una tendenza che caratterizza società come le nostre, pervase da un individualismo senza limiti in nome del primato che il neoliberismo accorda alla libertà di mercato e alle mere relazioni di scambio determinate dalla logica del consumo. Nessuna forma di solidarietà viene percepita positivamente perché, in questa visione *utilitarista* del mondo, l'umanità appare costituita da una serie di individui isolati che intrattengono tra loro innanzitutto delle relazioni contrattuali e competitive, facendo passare in secondo piano le affinità elettive, le solidarietà familiari o di altro tipo.

Gli ideali dominanti della nostra cultura hanno subito, evidentemente, una profonda trasformazione. Ha preso piede questa idea della *serialità*, in cui la sola autorità e la sola gerarchia accettate e accettabili sono determinate dal successo e dal potere personale, valutati all'interno dell'universo della merce. In un mondo di questo tipo, le relazioni interpersonali si strutturano secondo criteri di utilità – utilità in termini di produzione di profitti e di potere. È così che, senza che ce ne siamo resi veramente conto, la nostra società ha in qualche modo sostituito al principio di autorità un altro principio, fondato sul senso di insicurezza riguardo al futuro.

È vero che, in ogni cultura, il principio di autorità si fonda su condizioni che evolvono nel tempo. Ma, al di là di queste evoluzioni, ha sempre poggiato su una struttura invariante. Questo principio universale funziona, come spiega l'etnologa Françoise Héritier,[1] a partire dalla coppia autorità-anteriorità: l'*anteriorità*, l'anzianità – in altri termini, il preesistente rispetto al giovane – rappresenta automaticamente una fonte di autorità. Se l'*anteriore* rappresenta l'autorità, non è perché l'adulto sia dotato di una qualità personale particolare, ma perché incarna la possibilità di trasmissione della cultura: se questo è stato, se ciò che viviamo è, allora sarà anche nel futuro. Questo principio di *autorità-anteriorità* non esclude la novità e il cambiamento, ma semplicemente dà un ordine all'evoluzione attraverso la trasmissione e la responsabilità comune, as-

---

[1] Françoise Héritier, *Masculin/Féminin*, vol. 2: *Dissoudre la hiérarchie*, Odile Jacob, Paris 2002.

sunta da tutti quale garanzia della sopravvivenza della comunità.

Ma per molti, oggi, gli anziani non rappresentano più l'autorità, non assicurano più la trasmissione culturale. Parrebbe che non abbiano saputo trasmettere alle giovani generazioni l'idea di un mondo e di un futuro piacevoli. E non c'è da stupirsene. Milioni di giovani non vedono i loro genitori alzarsi per andare a lavorare, milioni di giovani vivono costantemente sottoposti a bombardamenti pubblicitari che promuovono un mondo in cui la sola cosa che conta è la capacità di possedere. A partire dagli anni settanta, che segnano l'inizio della crisi, almeno due o tre generazioni hanno vissuto la frattura storica evocata nel capitolo precedente, ovvero quello che abbiamo definito *mutamento di segno del futuro*, il passaggio dal *futuro-promessa* al *futuro-minaccia*.

Adulti disorientati, giovani sotto minaccia

Non è necessario pensare la crisi e nemmeno prenderne coscienza per esserne influenzati. Questa realtà costituisce infatti una sorta di sfondo, un fondale su cui vengono tessute le realtà individuali e familiari. Potremmo anche definirla un'*atmosfera esistenziale*.

Ovviamente, nessuno chiede un consulto psichiatrico per un bambino o per un adolescente dicendo: "Buongiorno dottore, soffro molto a causa della crisi storica che stiamo attraversando...". In compenso, siamo sollecitati quotidianamente da insegnanti che non sanno più come far fronte, ad esempio, all'*escalation* della violenza. Qualche volta ci si presenta la situazione paradossale di un insegnante che ha scelto volontariamente di operare in uno degli istituti considerati "a rischio" e che ci racconta che il tal ragazzo, figlio di immigrati, l'ha picchiato. Al malessere provocato dalla violenza si aggiunge in questo caso il fatto che l'affronto proviene da una persona che l'insegnante desidera davvero aiutare. Possiamo immaginare la sorpresa della professoressa Dupont, antirazzista e progressista, quando Mohamed non solo non la ringrazia per i suoi sforzi, ma in più le assesta un pugno sul naso.

Può sembrare un esempio esagerato, ma non lo è. Anzi, è solo un pallido riflesso degli effetti quotidiani della crisi. Al posto della professoressa possiamo immaginare il giudice dei minori che, spinto da uno slancio umanitario, cerca di evitare la punizione. O il commissario progressista che si sforza di capire perché è convinto che degli interventi esclusivamente repressivi servano solo a esacerbare la delinquenza giovanile, quando non ad accrescere addirittura il gusto della provocazione e della violenza.

Sono queste situazioni che rendono sempre più insopportabile la vita quotidiana nella scuola, nel quartiere e nella famiglia, e inducono le persone che vi si trovano coinvolte a vario titolo a rivolgersi ai nostri servizi. Per lo più sono convinti che questi problemi, per loro incomprensibili, debbano aver origine da "un'altra dimensione", di tipo psicologico. È quello che emerge per esempio nella ricorrente lamentela degli insegnanti, che affermano di non riuscire più a insegnare e di essere invece costretti a farsi carico della missione (impossibile) di *educare* i giovani – in altri termini, l'istituzione scolastica è sempre più chiamata a porre rimedio alle carenze della famiglia, e gli operatori della scuola si trovano a svolgere un ruolo psicologico che non è loro.

A questo punto ci chiediamo: come possiamo, noi clinici, rispondere a queste nuove domande, allo sgomento e alla sofferenza generati dall'aumento della violenza e dalla crisi strutturale dell'autorità? In primo luogo, è importante capire se ci troviamo di fronte a un caso puramente clinico o se dobbiamo tener conto di altri elementi condizionanti non riducibili a cause psicologiche. Cercare di far luce su tali elementi non ci rende necessariamente impotenti di fronte alla situazione ma, anzi, ci consente di intervenire con più efficacia, senza peraltro creare l'illusione che noi, gli "psi", siamo in grado di risolvere problemi che esulano ampiamente dall'ambito della clinica.

Cerchiamo di analizzare più a fondo questa complessa realtà ben illustrata dalla situazione (più o meno) immaginaria della professoressa aggredita. Segnaliamo, di passaggio, che questo genere di situazione comporta a breve scadenza almeno due colloqui con lo psichiatra, uno del giovane, uno dell'insegnante, e magari anche di altri.

Da una parte c'è l'insegnante che pensa e agisce in base a un determinato quadro di riferimento: cerca di aiutare, attraverso l'educazione, i giovani allievi dei quali si sente responsabile. Al contempo, vive anche lei in questo mondo contrassegnato dalla crisi ed è lei stessa portatrice di una critica dell'autorità. In altri termini, sa di non poter più offrire ai suoi allievi, al contrario dei suoi predecessori, un futuro pieno di promesse.

Dall'altra parte, di fronte a lei, c'è il giovane Mohamed. Il suo contesto di riferimento è completamente differente da quello della sua insegnante. Per lui, la realtà è costituita da fatti molto concreti. Ad esempio, sa bene – come sappiamo tutti oggi – che basta osservare la piantina di una città per poter dire, quartiere per quartiere, quanti disoccupati ci sono, quanti giovani smettono di andare a scuola prima di aver concluso le medie e quanti andranno in prigione, con un margine di errore minimo. È proprio questa *statistica con un margine di errore minimo* che costituisce probabilmente il nocciolo duro della realtà dei giovani e del loro schema di riferimento: è la manifestazione del determinismo, o meglio del fatalismo, che li condanna in anticipo e che indica come unica possibile via d'uscita quella di esercitare la legge della giungla – che ai nostri occhi, evidentemente, non è affatto una via d'uscita.

Per i giovani di oggi, il mondo è pericoloso. La stampa, i vicini, la televisione ne parlano di continuo, insistendo sulla necessità di "scappare" per sottrarsi al disastro generale. Un esempio tra mille: qualche tempo fa, la pubblicità televisiva di una marca di automobili mostrava la scena di un temporale apocalittico in cui compariva un uomo che camminava con tutta calma, tanto che veniva da pensare (forse per deformazione professionale) che fosse sotto l'effetto di medicinali o che delirasse. Qualche secondo dopo l'uomo raggiungeva la sua auto, fornita di impianto di climatizzazione, e partiva... Salvava solo se stesso e "dopo di me il diluvio"...

I giovani non hanno mai conosciuto quel famoso mondo pieno di promesse di cui sognavano le generazioni precedenti, sono figli di un futuro gravido di minacce. Giungiamo così a un punto fondamentale del nostro esempio: in realtà, il giovane Mohamed è molto più in sintonia con il mondo attuale di quanto lo siano gli adulti. Sa che, in questo mondo, vince chi può schiacciare l'altro. Quello che sembra non aver inteso il messaggio dell'ideologia dominante è proprio l'adulto che parla di lavoro, di sforzo, di premio per la costanza... L'adulto ignora forse che non serve a nulla sacrificarsi oggi per un futuro che è pura minaccia?

Anche se ci sforziamo quotidianamente di non far apparire troppo angosciante la situazione, la sofferenza e il disagio si rivelano inevitabilmente quando i giovani, che sono ben lungi dall'essere tutti affetti da autismo, vengono a conoscenza o, peggio ancora, fanno direttamente esperienza del fatto che i loro genitori possono essere gettati via come fazzoletti di carta usati che non servono più al progetto economico del loro padrone. "Papà si è sbagliato e vuole che mi sbagli anch'io, papà non conosce il mondo, se lo conoscesse, guadagnerebbe molto e avrebbe molto più potere." Molte volte è questo il ragionamento dei giovani.

L'adolescenza prolungata, sintomo del disagio sociale

Quale corollario della crisi di autorità, emerge in molti giovani un'autentica difficoltà a far proprio quello che in psicologia viene chiamato *principio di realtà*. Nelle nostre sedute di consultazione, riceviamo tutti i giorni ragazzi che sono in senso "classico" in gravi difficoltà: hanno problemi a scuola, nel quartiere e in famiglia. La cosa più inquietante è che per lo più non si considerano affatto persone "con problemi". Al contrario, spesso sono convinti che guadagneranno molto e che non accetteranno mai un padrone che li tormenta come fanno oggi i professori, che non faranno mai come i loro genitori, cioè lavorare tutta la vita per niente, quasi niente... o meno di niente, in caso di licenziamento.

Questi giovani sono realmente sfasati rispetto a un qualunque principio di realtà? Le cose non sono così semplici. La società neoliberista offre un nuovo e unico idolo: l'economicismo. Politici, uomini d'affari, commercianti e altri ancora ribadiscono incessantemente questa visione della realtà, rispetto alla quale qualsiasi educazione fondata su principi diversi sembra impotente.

Ma in che modo queste considerazioni riguardano i clinici della psiche? La risposta è che, senza una riflessione sociale, politica e filosofica più generale, difficilmente riusciremo a comprendere ciò che siamo chiamati ad affrontare nel nostro lavoro più concreto. Come psichiatri ci troviamo nella stessa situazione di un dermatologo che eserciti la sua professione in Patagonia, regione sottoposta al famoso "buco dell'ozono", che lascia passare i raggi ultravioletti cancerogeni. Questo medico scrupoloso constata nel corso degli anni il moltiplicarsi dei casi di cancro e di tumore della pelle: non si tratta di qualche caso in più, ma di centinaia di nuovi casi. "Benissimo," dirà il medico, "io sono dermatologo e curo il cancro e i tumori... Che ce ne siano tre o trecento all'anno, continuo a curare." Possiamo capire questo tipo di ragionamento. Ma a un certo punto questo medico immaginario non eserciterà più correttamente il suo mestiere se non si interroga sulla nuova eziologia e su ciò che, rispetto all'abituale domanda di cura, non è più abituale.

È esattamente questa la posizione adottata dagli psicoterapeuti che hanno sempre risposto alla sofferenza psichica e che a un certo momento, per poter continuare a esercitare "come prima" – ovvero per fare onestamente il loro lavoro – si devono modificare in funzione della novità, o per lo meno devono cercare di comprendere cosa è entrato in gioco.

Così lo psicoterapeuta che evita di interrogarsi sulla crisi sociale può, come il dermatologo del nostro esempio, accontentarsi di constatare che nella nostra società, da un po' di tempo a questa parte, l'adolescenza si è notevolmente allungata. Tutti ne parlano e tutti ammettono che si tratta di una tendenza storica: oggi c'è chi considera l'adolescenza un momento di crisi che potrebbe durare fino a trentacinque anni e oltre...

In una società stabile, o mediamente stabile, la "crisi dell'adolescenza" finisce quando il giovane raggiunge una certa stabilità e può entrare a pieno titolo nella società – in altri termini, quando si proietta in un futuro insieme personale e collettivo. L'adolescenza e i suoi problemi – che sono, lo sottolineiamo, al centro della nostra riflessione –, questo momento della vita abitualmente designato come momento di crisi e di rottura, non esistono in tutte le culture, tutt'altro: nelle società desacralizzate, l'adolescenza occupa il posto dei riti iniziatici e di passaggio esistenti in altre culture. Senza riti, ma con la medesima intenzione, la società sancisce che il giovane deve entrare ormai a far parte di una comunità, non più come figlio, ma come suo membro, che è tenuto a essere membro e a sentirsi responsabile, a suo modo, di questa stessa comunità.

È in questo contesto che la coppia *autorità-anteriorità* acquista tutto il suo significato, perché l'adolescente, come il giovane delle società sacralizzate, accetta la sua appartenenza alla società come una responsabilità. Ma cosa significa assumersi questa responsabilità? Significa poter trasformare ciò che *è stato, è e sarà* e poter contestare le norme, a condizione di rispettare la continuità della società. Contrariamente a quello che si potrebbe pensare, proprio perché può modificare le norme e il modo di vita il giovane riconferma il principio di autorità. Infatti, se ritiene che determinate cose siano da modificare, non è per capriccio personale, ma per il desiderio di agire per il benessere e lo sviluppo della comunità.

35

Per questo non possiamo parlare di un semplice "prolungamento" del periodo dell'adolescenza: si tratta, in realtà, di un importante sintomo della profonda instabilità della nostra società. Si direbbe quasi che chi entra nella crisi adolescenziale non possa uscirne perché la crisi personale si scontra con quella della cultura. L'adolescente che si rivolge ai nostri servizi, lo studente che non riesce a risolvere le sue difficoltà a scuola, il giovane che sfida la polizia nel quartiere non "prolungano" semplicemente la loro adolescenza: ognuno di loro si trova nell'impossibilità di vivere la *propria* adolescenza, dal momento che la società non è più in grado di offrirgli il contesto protettivo e strutturante che questa crisi esige.

Quest'ultima infatti non è riducibile agli umori, alle depressioni, alla ricerca di limiti o alle provocazioni dei singoli giovani: non si tratta mai di un passaggio puramente individuale, non esistono "adolescenti Robinson Crusoe", individui isolati che attraversino la crisi come se si trattasse di un processo esclusivamente genetico o biologico che si svolge fuori da ogni contesto. La crisi dell'adolescenza risulta comprensibile solo nella sua totalità, come una situazione completa, e il motivo per cui oggi, per molti giovani, si risolve in un fallimento, è che, perché possa svilupparsi l'*esplorazione* caratteristica di questo periodo della vita, sono necessari un certo contesto e un certo quadro di riferimento. Ma il quadro e il contesto attuali non corrispondono più ai nuovi bisogni, non sono più all'altezza della situazione.

Lo testimoniano per esempio le richieste di aiuto che arrivano ai nostri servizi da parte degli operatori sociali attivi sul territorio, da cui emerge che i problemi giovanili, circoscritti fino a poco tempo fa ai "quartieri difficili", esistono oggi in tutti i quartieri – e si presentano ormai anche nei paesi e nelle cittadine di provincia. Così ci troviamo spesso ad affrontare delle situazioni tragiche (e comiche allo stesso tempo), dovute alla mancanza di un contesto familiare strutturante, che porta l'adolescente a tentare, come diciamo in gergo, di "farsi il suo Edipo con la polizia": il giovane che deve esplorare la sua potenza, sperimentare i limiti della società, che deve insomma affrontare tutte le funzioni tipiche dei riti di passaggio dell'adolescenza occidentale, non trovando un quadro familiare sufficientemente stabile, sposta la scena nella città, nel quartiere.

Ma la Legge simbolica, l'insieme dei principi che guidano normalmente l'educazione dei giovani, non è in alcun modo riducibile alle leggi della città, alle leggi del codice. Rimanda al fatto di diventare un po' alla volta un essere umano responsabile, un adulto, un membro della comunità: non può trattarsi di leggi scritte. Le leggi del codice invece – che "a nessuno è consentito ignorare"– non vengono istituite per orientare lo sviluppo o l'educazione dell'essere umano: presuppongono che i cittadini siano già *educati*, e di conseguenza responsabili delle eventuali trasgressioni.

Nello spazio familiare, le trasgressioni e i conseguenti richiami all'ordine sono normali nel corso dell'educazione, e costituiscono una sorta di gioco tra desiderio e principio di realtà. Ma trasportate nei quartieri, le trasgressioni perdono la loro dimensione simbolica e ludica e diventano semplicemente dei reati, punibili dalla società. In questo senso, la scena dove si svolgono i riti di passaggio non è quella giusta: i giovani che non hanno altra scelta che quella di "fare il loro Edipo con la polizia" consumano tutte le loro energie in trasgressioni inefficaci, con la tendenza a prolungare per un tempo indefinito la loro "crisi adolescenziale" (cosa che, per inciso, vale anche per quelli, senza dubbio più numerosi, che non scendono in strada ma nemmeno trovano nel contesto familiare il principio di autorità con cui confrontarsi).

Di fatto, vediamo moltissimi giovani che cercano i limiti e giocano al gioco della trasgressione non più con la famiglia o con la cerchia degli intimi, ma con la polizia. Sfortunatamente, quest'ultima non ha la vocazione di supplire alle carenze delle famiglie, e troppo spesso constatiamo con dispiacere che i poliziotti rispondono a questo tipo di provocazioni in modo simmetrico, innescando un gioco infinito di interazioni sul tema aggressori-aggrediti. Questo circolo vizioso incita i politici a fare dell'insicurezza l'asse centrale delle loro proposte politiche, rischiando di trascinare la nostra società verso una deriva disciplinare.

Tutto ciò ci induce a pensare che noi operatori non possiamo più accontentarci di "rispondere al meglio" alle nuove domande di aiuto. La psicanalisi è nata e si è sviluppata mantenendo un confronto costante e un autentico dialogo con la cultura e con la civiltà in cui è sorta: Freud interrogava gli ideali della sua società, commentava il "disagio della civiltà" e criticava le aspirazioni scientiste (pur conservando una fede incrollabile nella scienza...). Nell'epoca attuale, non si tratta di "oltrepassare i limiti" della nostra professione, ma al contrario di assumere il nostro ruolo fino in fondo per essere davvero all'altezza delle richieste e della sofferenza dei nostri pazienti.

Gli psicanalisti e le altre figure professionali che si occupano della salute mentale dei bambini e degli adolescenti non possono rinchiudersi nelle loro competenze specifiche. Devono piuttosto continuare a ispirarsi allo spirito dell'insegnamento di Freud, al suo interesse per la cultura e per la civiltà. È importante che, invece di pensare che i problemi della società siano appannaggio della sociologia e dell'antropologia, i professionisti della clinica partecipino alla riflessione delle altre scienze umane e condividano con esse una visione multidisciplinare dei problemi. Molti già lo fanno. A nostro parere il clinico (se, senza altre pretese, vuole fare il suo lavoro di ascolto e aiutare chi soffre) deve oggi situarsi proprio all'incrocio di questi diversi percorsi di indagine e di queste diverse applicazioni.

3. Dal desiderio alla minaccia

Senza rendersene conto e senza che nessuno in particolare l'abbia deciso, la nostra società ha prodotto una specie di *ideologia della crisi*, un'ideologia dell'emergenza che, lentamente e in modo impercettibile, si è insinuata a ogni livello, dallo spazio pubblico alle sfere più intime e private, fino a costituire, in ognuno di noi, il modo di pensarsi come persona.

Questa ideologia di ripiego, però, non è una "narrazione" o una cosmogonia completa in grado di sostituire davvero l'ideologia precedente, ma si rivela piuttosto un "patchwork", una sorta di stampella che consente di fare "come se le cose funzionassero ancora" nonostante la crisi.

Un'ideologia patchwork

Tutta la cultura occidentale moderna si è fondata, come abbiamo visto, su una credenza fondamentale: il futuro era *promesso* come una specie di redenzione laica, di messianismo ateo. Ma questa promessa non è stata mantenuta. Ecco perché la crisi attuale è diversa dalle altre a cui l'Occidente ha saputo adattarsi: si tratta di una crisi dei fondamenti stessi della nostra civiltà.

Nella nostra società come in tutte le altre, l'educazione, la trasmissione dei valori e dei principi che assicurano la continuità di una cultura si basano sulla riproduzione e sulla trasmissione dei suoi miti fondanti. Così, nella cultura occidentale, educare significava invitare l'altro, il giovane, a intraprendere con impegno un determinato cammino: quello della promessa che conduceva a quel futuro che attendeva e che consentisse di sentirsi parte integrante, ognuno nel suo ambito, di un progetto comune.

E allora come è possibile ormai educare, trasmettere e integrare i giovani in una cultura che non solo ha perduto il proprio fondamento principale ma l'ha visto trasformarsi nel suo contrario, nel momento in cui il *futuro-promessa* è diventato *futuro-minaccia*? Alla fine, la cosa più strana è che questo cambiamento passi pressoché inosservato. Le diverse istituzioni deputate a educare, a trasmettere e a curare ciò che va male agiscono come se non ci fosse nessuna crisi, come se ci fossero solo delle difficoltà da superare, con l'aiuto della tecnica e un po' di buona volontà.

Tra gli "ideali patchwork" che si sostituiscono alle speranze della modernità e che si sforzano di nascondere la crisi, ce n'è uno che ci interessa in modo particolare. Si tratta del passaggio *dal desiderio alla minaccia*. Oggi, per i giovani, la minaccia del futuro si è sostituita all'invito a entrare nella società, a condividere, a conoscere e ad appropriarsi dei beni della cultura. Sembra che la nostra società non possa più "concedersi il lusso" di sperare o di proporre ai giovani la loro integrazione sociale come frutto e fonte di un desiderio profondo. Si dimentica quale sia secondo Freud – come per i suoi successori, ma soprattutto per la stragrande maggioranza degli insegnanti e degli educatori – la motivazione dell'apprendimento: il desiderio di imparare e di comprendere.

Freud spiega la possibilità di cominciare a imparare, a educarsi e, in sintesi, ad accedere alla cultura, mediante il concetto di *sublimazione della libido*. Secondo Freud, crescendo il bambino accetta di sublimare – o potremmo dire di negoziare – una parte della sua libido, ovvero della sua energia vitale, del suo desiderio... passando così da una posizione autocentrata, la cosiddetta *libido narcisistica*, a una preoccupazione e attenzione rivolte al mondo esterno, che Freud definisce *libido oggettuale*. Una parte di tale processo consente ai bambini di assumere la propria umanizzazione come un divenire. Questo passaggio è descritto da Freud con il concetto di *pulsione epistemofilica*: l'espressione indica la capacità del bambino di aver desiderio di imparare, consacrando una parte della sua libido agli oggetti del mondo che deve apprendere, comprendere e abitare.

Il desiderio è quindi, semplicemente il fondamento stesso dell'apprendimento. Sicuramente l'apprendimento scolastico è anche "utile" al bambino, perché se ne può servire nella vita quotidiana. Ma è il frutto del desiderio e della pulsione epistemofilica, e non di un semplice utilitarismo. Non si tratta semplicemente di essere informati, perché l'educazione non si riduce all'assimilazione di una "modalità d'impiego della vita"...

La pulsione epistemofilica e il desiderio di apprendere non sono espressione del solo istinto di sopravvivenza. Non si limitano a fornire un *metodo di sopravvivenza*. Esprimono, anzi, il desiderio di cultura. Inteso in questo modo, il desiderio è, senza dubbio, ciò che pone in relazione con gli altri e, in tal senso, si accorda con le nozioni di molteplicità e di pluralità. Il desiderio pone in relazione, crea legami, mentre l'educazione finalizzata alla sopravvivenza implica che "ci si salva da soli". Nella sopravvivenza, prima o poi si è "contro gli altri".

L'utilitarismo: un apprendimento sotto minaccia

L'utilitarismo viene presentato come la sola ideologia che oggi sia in grado di affrontare lo "stato di emergenza" prodotto dalla crisi. Tale ideologia pretende di costituire un mondo trasparente, in cui possiamo sempre giudicare ciascun essere umano in funzione di criteri chiari, precisi e univoci: i criteri quantitativi.

I bambini vengono valutati, in base a tali criteri individualistici, in modo unidimensionale. Questo significa ad esempio che un bambino "con problemi scolastici" non viene semplicemente considerato uno che prende brutti voti a scuola: pur essendo una persona sfaccettata e contraddittoria, verrà comunque giudicato solo in base ai voti e si dirà semplicemente che "ha dei problemi". Per lui il voto diventa, molto precocemente, l'equivalente del salario per i genitori. Ma il voto non rappresenta solo una specie di salario destinato a misurare il valore (quantitativo) del bambino. Nel gioco dell'utilitarismo scolastico, significa molto di più: viene considerato come una specie di biglietto d'ingresso nel mondo degli adulti, perché si pensa che chi non studia sarà disoccupato, avrà una vita mediocre eccetera.

Poiché l'insuccesso scolastico viene considerato un insuccesso nella vita, nei nostri centri di consulenza psichiatrica incontriamo molto spesso bambini con difficoltà scolastiche. Dopo aver verificato che le difficoltà del giovane paziente non provengono da problemi concreti (come la dislessia o altri blocchi psicologici), ci domandiamo: cosa capita a questo bambino? Ci poniamo questa domanda non perché il bambino non corrisponda alla norma sociale, ma perché i problemi di apprendimento sono rivelatori di una difficoltà di desiderare nella vita, di desiderare la vita. Evidentemente, perché questa dinamica di lavoro funzioni, occorre che gli adulti considerino il futuro e ciò che deve essere costruito come qualcosa di positivo e desiderabile.

È significativo a questo proposito l'esempio di un bambino, seguito da uno di noi, segnalato fin dalla scuola materna per il suo comportamento violento e le difficoltà di integrazione nel gruppo. Il bambino viveva incollato alla madre in uno stato, per entrambi, di grande infelicità, all'interno di un ambiente familiare segnato da violenza, separazioni e miseria economica e culturale. A otto anni non aveva ancora iniziato a imparare a leggere, pur possedendo capacità intellettuali nella norma, verificate attraverso un esame psicologico, e nonostante un tentativo di rieducazione ortofonica condotto da un'esperta ortofonista. Non aveva accettato di buon grado la rieducazione e faceva molta fatica a impegnarvisi in modo regolare.

Nei suoi disegni, questo ragazzino rappresentava se stesso a volte come un essere minuscolo perso in un angolo del foglio bianco, a volte come un personaggio enorme, più grande della madre che lui proteggeva. In un colloquio, espresse in modo esplicito la sua ostilità per ogni forma di apprendimento: aveva capito che a scuola non occorreva battersi. Ora voleva essere lasciato in pace, senza preoccuparsi degli altri. Voleva rimanere solo e non voleva che nessuno lo obbligasse a imparare. Viveva la sua relazione con l'ambiente circostante non materno come un'intrusione minacciosa in uno spazio psichico che gli costava tanta fatica costruire. Probabilmente, prima di poter accedere a un'identificazione con la posizione di alunno, avrebbe avuto bisogno di sentirsi accolto e accettato per quello che era, un bambino in grave difficoltà. Era bloccato da un rifiuto difensivo attivo e non aveva potuto trasferire sull'apprendimento un personale desiderio di imparare. Come fare per mobilitare il suo desiderio?

È proprio questo il problema: oggi gli adulti hanno interiorizzato il fallimento degli ideali connessi alla visione messianica del futuro e condividono la convinzione opposta, e ormai dominante, di un futuro pieno di minacce. Così, nella pratica quotidiana dell'educazione, si passa dall'*invito al desiderio* a una variante più o meno dura di quello che potremmo chiamare *apprendimento sotto minaccia*.

I genitori, i professori e gli educatori cercano di indurre i giovani a imparare e a studiare. A questo scopo ripetono in modo più o meno esplicito un discorso che è in realtà una minaccia: "Se non studi a scuola, se non ti diplomi o non ti laurei, non troverai lavoro...". Gli adulti temono davvero l'avvenire e quindi cercano di formare i loro figli in modo che siano "armati" nei suoi confronti. Ma non ci si arma se non c'è minaccia, concreta o immaginaria. È talmente evidente che nessuno oggi *desidera* il futuro, che la nostra società propone di ricorrere alla minaccia del peggio, che sarebbe l'unico modo per indurre all'ubbidienza adulti e bambini.

Nei nostri servizi, siamo i testimoni "privilegiati" di questa evoluzione: il buon insegnante cerca di "armareformare" i suoi allievi, i genitori si disperano perché i loro figli non capiscono abbastanza in fretta che "è un mondo molto duro" e si inquietano perché non si "armano" – scusate, volevamo dire: perché non studiano... Questa realtà, molto concreta e quotidiana, sfugge oggi alla maggior parte delle persone, che raramente si rende conto fino in fondo di ciò che vive. In conclusione, in nome di questo temibile futuro, si mette in atto una specie di selezione precoce che, in perfetta buona fede, per aiutare i bambini cerca di orientarli "il più presto possibile".

Una nuova gerarchia utilitarista

Nella mente di coloro che vogliono aiutare i giovani domina l'idea di un futuro minaccioso. Ecco che allora chi esercita una responsabilità pedagogica si comporta come se avesse di fronte un pericolo: deve combattere per superarlo e per aiutare il maggior numero di persone a uscirne vittoriose. Così la nostra società diventa sempre più dura: ogni sapere deve essere "utile", ogni insegnamento deve "servire a qualcosa". Con la vittoria assoluta del neoliberismo, infatti, l'economicismo è diventato, nel mondo odierno, una specie di seconda natura. L'economia *è*.

Anche il lavoro clinico è influenzato dall'efficientismo. Non cedere a questa pressione è dar prova di un'autentica forma di resistenza. Oggi la tendenza a conformare gli ospedali pubblici al modello imprenditoriale, secondo la celebre formula "l'ospedale è un'impresa", lanciata qualche anno fa, porta a ragionare quasi esclusivamente in termini di logica economica e strategica. I responsabili amministrativi e medici sono invitati a trattare i problemi di salute da un punto di vista economico: diventano così prigionieri

– molti contro la loro volontà – di una logica economica che tende a escludere, o a non tenere sufficientemente in conto, le altre logiche, ben diverse, che entrano in gioco nella pratica medica. Indubbiamente, la gestione ospedaliera è un compito necessario e gravoso, ma risulterebbe più agevole se si articolasse a partire da una riflessione approfondita sui bisogni e sulle aspettative reali dei pazienti, sulle competenze e sull'impegno dei professionisti, oltre che naturalmente sulla natura specifica di ciò che deve essere "gestito", vale a dire la sofferenza, e talvolta il rapporto con la morte e con gli innumerevoli drammi umani. La produttività è ben lungi dall'essere l'unica posta in gioco e i punti di vista non meramente economici non sono affatto infantili o chimerici. "Non ho saputo ascoltare abbastanza," affermava recentemente un ex ministro della Sanità. Anche qui c'è, effettivamente, un problema di ascolto.

Lo stesso vale per la Pubblica istruzione: anche in questo ambito la ricerca dell'efficienza immediata tende a imporsi come ideologia, se non come obiettivo accessibile. Il senso dell'insegnamento, la scelta dei programmi, o ancora l'epurazione di ogni forma di sapere non immediatamente utile non paiono fondarsi sempre su un'autentica riflessione collettiva. Infatti, per molti è chiaro ed evidente che non ci si può concedere il "lusso" di imparare cose che non servono... E che gli sforzi di tutti, allievi e insegnanti, devono essere tesi alla ricerca delle competenze migliori e dei diplomi più qualificati, sola garanzia di sopravvivenza in questo mondo pieno di pericoli e di insicurezza, caratterizzato dalla lotta economica di tutti contro tutti.

Di colpo si è creata una tacita gerarchia dei mestieri. Vedendo un giardiniere, ad esempio, non si può più pensare semplicemente: "Quest'uomo ha scelto questo mestiere perché gli piace". Per i giovani rappresenta una scelta che rimanda molto concretamente a un "orientamento", ovvero a un fallimento in un determinato momento del percorso scolastico. Lo stesso vale per il muratore o il falegname: non conta che amino o meno il loro lavoro, la loro scelta professionale resta comunque, agli occhi della so-

45

cietà, frutto di un insuccesso. Nella logica di questa selezione "naturale", un infermiere è uno che "non era in grado di fare il medico", perché ha perso la gara per arrivare in cima.

In questa logica, degna di un allevamento industriale, gli inni alla "differenza" e alla "diversità", rimarranno dichiarazioni vane e illusorie, alle quali, evidentemente, non crederà nessuno finché non verrà garantito il rispetto della diversità dei percorsi individuali. Questa realtà della selezione, o piuttosto dei "binari morti", è quella in cui vive e pensa il giovane di oggi. È questo lo schema di riferimento del ragazzo che, a un certo punto, aggredisce la sua insegnante. L'insegnante, dal canto suo, ha ben interiorizzato questa dimensione, ma cerca allo stesso tempo di aiutarlo in un mondo in cui lei stessa non sempre si trova a suo agio. Gli schemi di riferimento del giovane e del professore corrispondono a due visioni della realtà che si sviluppano parallelamente, ciascuna per conto proprio, e che nel momento in cui si incontrano non possono che dar luogo a una catena di fraintendimenti reciproci e quindi inevitabilmente scontrarsi.

4. Minaccia ed emergenza

Forse alcuni lettori si chiedono quale sia il legame tra questo insieme di constatazioni e di riflessioni, e la pratica clinica con i bambini e con gli adolescenti. In realtà, questa analisi ci pare necessaria proprio nell'interesse dei bambini e dei giovani che vediamo quotidianamente nei nostri servizi. Desideriamo sottolineare che la nostra analisi non pretende di formulare soluzioni miracolose, ma vuole definire almeno alcune linee guida di quella che si potrebbe definire una *clinica della tristezza* o una *clinica del legame*.

Nel nostro inconscio collettivo – o nell'ideologia dominante – si è insinuata una coscienza ferita, che vive sotto il segno dell'emergenza. Si cerca sempre di rimediare alle emergenze senza avere il tempo di programmare e di pensare. Concedersi il tempo di pensare appare al giorno d'oggi un lusso pericoloso, che lascia senza difese di fronte a ciò che viene percepito come un contesto economico ostile: quello creato da chi, per tentare di sopravvivere, ci attacca, conquista i nostri mercati, produce di più e più a basso costo, provoca la chiusura delle aziende, penetra nelle nostre frontiere eccetera. Se vogliamo cavarcela, dobbiamo continuamente far fronte all'emergenza.

L'accelerazione del tempo

La tradizione della psichiatria fenomenologica descrive la depressione come un'esperienza di vita in cui uno sente di non avere "più tempo", di avere il tempo contato e di non avere più spazio fino al punto che, sentendosi braccato, incorre in un autentico stallo esistenziale. Da una parte, il tempo scorre a gran velocità, ci scivola dalle mani, ci sfugge, accelera... Dall'altra, non c'è più un posto in cui scappare: la persona depressa ritrova dappertutto il "già noto". Per lei non esiste luogo o rifugio che le consenta di sfuggire alla trappola, alla depressione.

Ora, questa descrizione della depressione si attaglia perfettamente... alla vita quotidiana di decine di milioni di persone che non si considerano affatto depresse. Ma vivono in un mondo in cui sembra che il tempo acceleri, perché l'economia le minaccia, perché la competizione non permette di "prendere tempo". E simultaneamente lo spazio si "riduce", tutti i posti del mondo tendono ad assomigliarsi.

Questa duplice pressione agisce proprio su ciò che fonda la nostra umanità. In effetti, Hegel definisce il *concetto* come "il tempo della cosa": ciò significa che la conoscenza e il divenire, come fondamenti dell'essere umano, dipendono e si inscrivono in una temporalità, in una durata; che gli uomini sono espulsi per l'eternità da un ipotetico mondo delle cose *in sé*, in cui queste sarebbero accessibili immediatamente e senza la mediazione del concetto e del tempo necessari a pensarlo. L'essere umano esiste unicamente in un universo di parole, di concetti e di cultura, che non lascia alcuna via d'accesso a una eventuale *realtà diretta*. Ciò non è dovuto a una qualche incapacità umana, ma piuttosto al fatto che il mondo fenomenico della cultura e dei concetti è, molto concretamente, il mondo *in sé* del fenomeno umano.

Il "tempo della cosa", il tempo fondamentale non è quindi una perdita di tempo, né un elemento opzionale, dal momento che è nel tempo che si svolge la trama del fenomeno umano. È questa la ragione per cui, quando in piena crisi sembra che non ci sia più tempo per pensare o che lo spazio delle cose si restringa, si forma un mondo che corrode e amputa la vita. In questo mondo dell'emergenza sorgono logicamente un sentimento di insicurezza e, di conseguenza, un'ideologia della sicurezza che attraversa le diverse dimensioni della vita: dalla vita pubblica fino alle sfere più intime, una serie di riflessi sociali di difesa prendono il posto occupato fino a ora dal pensiero e dall'elaborazione concettuale. D'altra parte, le teorie dello sviluppo psichico mostrano come sia proprio la creazione di concetti, e l'assunzione dell'umanità soggettiva e culturale che essa consente, a determinare la creazione e l'assunzione dei legami, ovvero l'umanizzazione del bambino.

Quindi, quando siamo sollecitati come tecnici ad aiutare coloro che sono nell'emergenza, la nostra risposta etica o resistente consiste nell'analizzare e decostruire quella che si rivela come vera e propria fabbrica quotidiana dell'emergenza.

L'emergenza come rimozione sociale della minaccia?

Ogni giorno siamo letteralmente bombardati da informazioni apocalittiche su ciò che avviene nel mondo. La novità, però, è che queste informazioni vengono ricevute e interiorizzate dall'opinione pubblica esattamente come viene recepita la crisi. In altri termini: veniamo a conoscenza delle catastrofi e delle minacce attraverso una serie di informazioni diffuse dai media; e regolarmente l'opinione pubblica si inquieta e grida allo scandalo, facendo aumentare la paura, che diventa sempre più generalizzata. Ma, a poco a poco, anche se continua a costituire una minaccia, la catastrofe smette di essere un'"attualità", o passa in secondo piano grazie all'arrivo di una nuova minaccia... È così che le nuove minacce vengono accettate, diventando parte integrante dell'orizzonte normale, o perlomeno normalizzato, della nostra quotidianità.

Proviamo a illustrare questo processo con un esempio concreto. Nel 1999, i media ci comunicarono che al di sopra dell'Oceano Indiano si era formata un'immensa nube di smog. Si trattava più precisamente di una nube tossica grande quanto gli Stati Uniti e ancora in espansione. Il telegiornale spiegò che se avesse raggiunto la terraferma, la nube avrebbe gettato nel buio per settimane i territori sorvolati (nessuno però si sofferma sulle conseguenze più immediate, come l'inquinamento dell'oceano a ogni pioggia). La notizia ha occupato per qualche giorno le prime pagine dei giornali e i primi minuti dei telegiornali.

Un anno dopo, uno degli autori di questo libro ha deciso di scoprire cosa ne era stato della nube, sorpreso innanzitutto dall'assenza di informazioni in proposito e sospettando – che malizia! – che la sparizione della nube dai media non presupponesse la sua sparizione dall'oceano. Infatti siamo riusciti a ottenere senza troppa fatica le informazioni richieste a un laboratorio del Centro nazionale di ricerca (Cnrs) che lavora sulla nube tossica, e abbiamo appreso che non solo esisteva ancora, ma che continuava a ingrandirsi e a provocare danni all'ecosistema della regione. (Detto per inciso, quell'episodio induce a chiedersi per quale miracolo, nell'universo dell'informazione formattata, un giornalista sia pervenuto, in un bel giorno del 1999, a rendere pubblica l'informazione facendola passare come una "notizia"; infatti, i ricercatori del Cnrs ci hanno confermato che quella nube esisteva da anni.)

Rimane il fatto che, anche se non faceva più parte delle notizie, la nube è rimasta presente nelle nostre menti, in quella coscienza ferita tipica della nostra epoca. E come tante altre catastrofi annunciate, poi rimosse, ha contribuito ad alimentare quell'inconscio collettivo che genera in ciascuno di noi il sentimento che sia urgente cercare di "uscirne". Non ci si può far nulla, tutto fa pensare che a questo punto il diluvio sia inevitabile, che sia giunto il momento di rompere tutti i legami e di gridare alto e forte: "Dopo di me...". In mancanza di un nuovo Noè, gli uomini e le donne gridano "si salvi chi può", giacché questa è la consegna dettata dal nuovo spirito dei tempi.

Alcuni colleghi riterranno probabilmente che questi temi abbiano poco a che fare con l'accoglienza di bambini e adolescenti in stato di sofferenza psichica, in quanto li considerano estranei alla dinamica dello sviluppo psichico del bambino. Noi siamo convinti che non sia così. Nell'*Anti-Edipo*, Gilles Deleuze e Félix Guattari spiegano come le angosce, le passioni e i deliri si esprimono in funzione di e attraverso forme culturali. Vale a dire che nulla obbliga il bambino a delirare o a "fantasmare" su papà, mamma e zia Edvige, creando universi *di tipo familiare* in cui il cane è papà, il gatto la mamma e il cavallo ferito gravemente il padre castrato. In realtà, i bambini e gli adolescenti producono più fantasmi degli adulti che sono stati ormai plasmati dalla norma sociale. E producono fantasie di mondi, cosmi, vite diverse e diverse forme di divenire che, lo ripetiamo, non necessariamente sono metafore di papà e mamma. È piuttosto il contrario: la nostra esperienza dimostra che spesso papà, mamma e la famiglia in generale sono metafore di elementi molto più grandi e potenti. Il bambino conferisce loro forme semplificate e di tipo falsamente familiare, per poterli pensare.

Questo significa semplicemente che il divenire del mondo e della vita, a partire dalla sua esteriorità assoluta, tesse la trama interiore delle nostre vite e del nostro inconscio. Per tale ragione immaginare dei bambini o degli adolescenti astratti che sviluppano i loro conflitti psicologici indipendentemente da qualsiasi influenza esterna, immaginare cioè degli esseri umani "impermeabili" che si preoccupano dei loro piccoli segreti e non del divenire della vita, significa pensare in termini poco razionali, ma soprattutto non farsi carico fino in fondo del compito che ci siamo assunti.

Così, il fatto che il mondo attuale ci proponga di dimenticare le minacce e che veniamo costantemente invitati a "occuparci delle nostre faccende", come se la vita e il suo divenire non fossero "affar nostro", determina una politica della rimozione permanente. Ma la rimozione è sempre, come sappiamo bene, una scommessa persa in partenza, perché il *rimosso* e il *ritorno del rimosso* sono due momenti dello stesso movimento. Il ritorno della tristezza sociale, quasi fosse un contenuto rimosso, si trasforma quindi in questa nuova sofferenza che bussa oggi alle nostre porte.

Il ritorno del rimosso sociale

Il *ritorno del rimosso sociale* si è presentato qualche tempo fa in forma tragicomica a uno degli autori di questo lavoro.

Un giorno ero con un amico psichiatra al Centro e mentre parlavamo e lavoravamo nel mio ufficio, improvvisamente la porta si spalanca: compare Pierre, un uomo di 33 anni. Viene al centro da molti anni perché ha avuto seri problemi fin da quando era giovanissimo. Diagnosticato come psicotico, Pierre ha bisogno di aiuto in molti aspetti della vita quotidiana.

Quel giorno, abbiamo subito notato che Pierre era in uno stato di angoscia estrema, al punto che la centralinista mi aveva avvisato al telefono che le aveva fatto un po' paura. Siccome non riesce a parlare, Pierre tira fuori dalla tasca un pezzo di carta che mi porge con la mano tremante. È una lettera inviatami dal medico del pronto soccorso per spiegarmi che era dovuto intervenire perché Pierre all'ora di pranzo di quello stesso giorno aveva avuto una crisi molto violenta, in seguito alla quale la famiglia aveva chiesto il suo intervento.

Pierre non ha mai seguito una terapia farmacologica, e l'iniezione fattagli dal medico del pronto soccorso non aveva avuto un vero effetto calmante... Siccome i familiari di Pierre gli avevano parlato di me, il medico ha spiegato a Pierre che non l'avrebbe ricoverato in ospedale, ma che doveva venire a trovarmi nel pomeriggio.

Quando Pierre si presenta da me, non è facile capire cosa sia successo: l'iniezione, unita agli effetti della crisi, non aiuta Pierre (che già normalmente fa fatica a esprimersi) a spiegarsi chiaramente. Finalmente, la madre mi racconta tutto per telefono, mentre Pierre, seduto di fronte a me, mi guarda aspettando il verdetto. Sa di essere malato e aspetta quindi che io gli dica cosa deve fare per affrontare questo nuovo episodio della sua malattia.

Tutto aveva avuto inizio a mezzogiorno, quando tutta la famiglia riunita (padre, madre, fratello e sorella e lo stesso Pierre) pranzava guardando come al solito il telegiornale. Proprio nel momento in cui Pierre sta tagliando la sua bistecca, il giornalista comincia a parlare della mucca pazza. Tutti i "non-malati" continuano a mangiare tranquillamente, perché non sono pazzi, loro... Pierre, invece, smette di mangiare, getta il piatto per terra e comincia a gridare.

In seguito, Pierre mi ha spiegato che gli era capitato quello che gli succede sempre quando cerca di comunicare una cosa veramente importante e urgente: non riesce a spiegarsi e si innervosisce. E quando Pierre si innervosisce... perde davvero la pazienza. Il seguito della storia lo conoscevo già: i famigliari hanno chiamato il pronto soccorso, pensando sicuramente quanto è difficile vivere con un malato mentale, anche se non rimpiangono affatto la decisione di tenerlo con loro – non intendono ospedalizzare Pierre né separarsi da lui, "ma comunque è dura...".

Si tratta di fatti "normali", banali. Ci accorgiamo però che l'unica persona ad aver preso coscienza della notizia sulla mucca pazza e ad averne capito tutta la portata, è Pierre. È l'unico che non abbia dissociato quello che ascoltava (l'informazione) da quello che viveva. Normale o malato? In fin dei conti per poter continuare a mangiare la bistecca guardando il telegiornale, per vivere tranquillamente, bisogna che tutti i giorni, se non più volte al giorno, le persone "normali" siano capaci di negare la realtà, di pensare che i rischi collegati al fatto di mangiare, di respirare e di esporsi ai raggi del sole riguardino solo gli altri. Si costruiscono in tal modo un'armatura, uno scudo immaginario dietro al quale si credono al sicuro.

53

Malgrado tutto, quel giorno non era stato Pierre a dar prova di follia. Questo esempio illustra bene quello che possiamo definire lavoro sulla crisi nella crisi: un lavoro clinico che tiene conto delle due dimensioni – individuale e sociale – della crisi, e che deve essere portato avanti senza credersi al riparo di uno scudo capace di isolarci e proteggerci dal mondo.

La realtà della minaccia, di un mondo pronto a giocare al dottor Frankenstein con la natura in nome del profitto, non ci è estranea: non resta fuori dalla porta dei nostri servizi psichiatrici, ma accompagna i nostri pazienti. Al tempo stesso però, quando Pierre vive una situazione troppo angosciante, dobbiamo essere in grado di aiutarlo. Proprio di fronte a tale esigenza siamo convinti che lo "psicologismo" classico non consenta al clinico di offrire una risposta adeguata. Certo è la soluzione più comoda: "formattando" la realtà, cercando di renderla unidimensionale per ridurla a una scala semplice, appronta, infatti, una griglia di lettura che non mette in causa né il medico né l'istituzione. Secondo la logica dello psicologismo, la mucca pazza del nostro esempio evocherebbe il padre e la madre di Pierre, la televisione sarebbe il fratello o sua moglie... Ma attraverso questo tipo di ascolto il medico cerca di ignorare il fatto che il delirio di Pierre non riguarda necessariamente sua madre o suo padre. Non tiene conto del fatto che tra l'intimità più profonda e l'esteriorità più assoluta non c'è, come nel nastro di Moebius, soluzione di continuità, sicché alla fine interno ed esterno risultano indiscernibili.

La vita cosiddetta "personale"

Il filosofo Gilles Déleuze diceva che la vita non è qualcosa di "personale". Riferita al lavoro psicoterapeutico, sembra un'affermazione paradossale: questa attività non riguarda proprio un ambito che è, in ultima analisi, personale, intimo, segreto? Il fatto è che l'intimo, tutto ciò che rientra nel campo psicoterapeutico, non è così semplicemente ed evidentemente "personale" come si potrebbe credere di primo acchito. Lungi dall'essere un ricettacolo di "piccoli segreti inconfessabili", il personale e l'intimo devono essere intesi nel senso suggerito dal filosofo latino Plotino: "Non esiste un punto dove si possano fissare i propri limiti in modo da poter affermare: 'Fino a qui, sono io'...".[1]

Senza dubbio, l'accoglienza psicologica a cui ciascuno può aspirare non rientra nell'ambito né della sociologia, né della politica, né della filosofia (anche se una certa prospettiva filosofica può accostarvisi). Il lavoro in questo campo si applica alla realtà psicologica del paziente, che è la risultante di un'infinità di fattori che possono a un certo punto identificarsi con un percorso personale. La questione è sapere se, considerando l'insieme delle persone che compongono una società, la somma delle loro singole "risultanti" determini, come pretende l'ideologia individualista, una serie di esseri isolati gli uni dagli altri che intreccino tra loro relazioni di tipo contrattuale e utilitaristico. O se invece tale insieme risulti costituito da individui che, come isole nel mare, sono sicuramente irrimediabilmente isolati, anche se a ben vedere queste "isole" sono in effetti le pieghe del mare.[2]

La distanza e la separazione, assolutamente reali, tra gli individui, sono ciò che consente a ciascuno di avere un'identità e una storia unica e singolare. Ma la separazione si fonda anche su una base comune (in cui ciascuno è l'altro e gli altri), che costituisce il fondamento collettivo di ogni differenza. La famiglia e le strutture dell'organizzazione sociale di persone e gruppi sono in questo senso forme "sufficientemente buone" (secondo l'espressione dello psicanalista inglese Donald Winnicott), che corrispondono a una visione del mondo, a una cosmogonia e a un insieme di determinanti culturali, geografiche, stori-

[1] Plotino, *Enneadi*, VI.
[2] Miguel Benasayag, *Le Mythe de l'individu*, cit.

che, biologiche eccetera. In tutte le società, questa congiunzione di fattori, specifica per ognuna di esse, porta a vivere insieme e a organizzarsi, sempre temporaneamente, secondo determinate forme e strutture di parentela. Ma, allo stesso tempo, questo ordine è vissuto da ciascuno dei membri della società come qualcosa di molto intimo e segreto.

In Occidente, l'invenzione della "vita privata" ha formalizzato l'esistenza di questa sfera "personale", che continua comunque a inscriversi interamente in un ordine pubblico, storico e culturale. Questa è la ragione per cui, sognando, delirando o producendo fantasmi sulla propria famiglia, si sogna, si delira o si producono fantasmi in realtà sull'ordine culturale, sull'ordine cosmico a cui la famiglia corrisponde come metafora. Non è sulla soglia di casa che inizia il mondo, ma al suo interno: l'ordine del focolare corrisponde all'ordine storico del mondo umano in un determinato momento del divenire umano di una civiltà.

Di conseguenza, credere troppo alla "separatezza" del privato significa confondere la griglia di lettura con ciò che consente di leggere o, ancora, la mappa con il territorio che descrive.

5. I limiti della minaccia

Nelle epoche di grandi svolte nella storia delle società, tutti si concentrano su quelle che vengono unanimemente considerate le poste in gioco più importanti. Ma in realtà i principali sconvolgimenti e l'emergere di nuovi modi di vivere, positivi o negativi, intervengono in generale senza che ce ne rendiamo conto, o almeno senza che riusciamo a intuirne l'importanza. Questi cambiamenti possono essere individuati chiaramente solo in un secondo tempo.

Così, oggi sappiamo benissimo che la perdita di ideali e la tristezza hanno portato la nostra società ad abbandonare un tipo di educazione fondato sul desiderio. L'educazione dei nostri figli non è più un invito a desiderare il mondo: si educa in funzione di una minaccia, si insegna a temere il mondo, a uscire indenni dai pericoli incombenti. Questa inversione di tendenza nel modo di educare rappresenta un cambiamento culturale fondamentale, ma raramente è stato considerato tale.

Rotture storiche e minacce

Spesso sia gli insegnanti che i genitori cercano di ridurre i problemi attuali a semplici questioni tecniche, dicendosi che basta poco per risolverli e perché tutto vada meglio. E contemporaneamente tutti sanno che il futuro è carico di nubi alle quali non si può sfuggire tanto facilmente.

Senza dubbio ognuno è libero di adattarsi e di pensare che le minacce hanno sempre accompagnato la storia umana, senza aver provocato necessariamente il crollo delle civiltà che si sentivano minacciate. Ma questo argomento non regge, perché molte civiltà sono effettivamente scomparse; è evidente quindi che non si può considerare la minaccia un semplice fantasma, benché sia vero che ogni minaccia comporta una dimensione fantasmatica. E se si cerca di relativizzare la minaccia attuale di un futuro pieno di insidie mettendola a confronto con la minaccia nucleare, apparentemente ben più spaventosa, si rischia davvero di ignorare l'essenziale.

Dopo l'esplosione delle prime due bombe atomiche, l'umanità si è resa conto con orrore di aver effettivamente inventato l'arma dell'apocalisse e di essere ormai in grado di provocare la sparizione della vita sulla terra. Ogni vittoria nucleare è stata, e continuerà sempre a essere, una terribile vittoria di Pirro, in cui perdono sia i vincitori che i vinti. Come dimenticare quei conteggi assurdi di testate nucleari, da cui risultava che ciascuno dei due campi era in grado di distruggere dieci, trenta o cento volte il pianeta?

Ma questo genere di minaccia, peraltro molto concreta e sempre attuale, differisce profondamente da quella che stiamo prendendo in considerazione. La prospettiva della guerra nucleare è una *minaccia di sbandamento*: esiste sicuramente, ma non è né una fatalità, né ancor meno uno sviluppo normale e intrinseco delle civiltà che hanno prodotto quelle armi. La minaccia che scandisce attualmente la nostra quotidianità è molto diversa: il rischio non è nello "sbandamento", ma proprio nel fatto che la nostra civiltà procede "bene" e che si sviluppa secondo la sua stessa essenza. Il che equivale a dire che corre verso la sua rovina. Se tutto va per il meglio, se le cose continuano il loro corso senza incidenti, l'avvenire dell'umanità e della vita sulla terra sono più che compromessi. Infatti l'attuale visione del futuro configura una minaccia che non riguarda niente in particolare. La minaccia nucleare tende in linea di massima a evitare le guerre o almeno una guerra totale, mentre la nuova minaccia non ha nessun obiettivo preciso, non esercita alcuna pressione "utile". È una minaccia molto più distruttiva, perché nessuno minaccia nessuno: è la civiltà stessa che incappa in una serie di porte chiuse, di aporie, che non sappiamo come aprire o superare.

Probabilmente uno degli elementi più perversi della nostra crisi consiste nel fatto che, in teoria, tutti sono contro lo sviluppo del mondo attuale. Perfino i "potenti" quando si riuniscono nelle loro "messe" spettacolari (Davos ecc.), dicono: "Attenzione, le cose vanno di male in peggio, come si può frenare o invertire la tendenza attuale?". Ma, a quanto pare, nessuno può farci niente. Il sistema stesso sembra allora essere vittima di un ordine portatore di una minaccia di disastro che nessuno dichiara di volere. È evidente, infatti, che l'industriale che inquina l'aria, i fiumi e la terra per produrre a minor costo respira e ha dei figli anche lui come gli altri... In breve, è a sua volta vittima di ciò che produce. Il problema è che la situazione ci viene presentata come se fossimo davvero in presenza di una nuova natura, sicuramente degenerata, ma inevitabile, di fronte alla quale l'unica soluzione è quella di dire "Si salvi chi può!".

Come si costruisce la società in funzione della minaccia? Che efficacia può avere un sistema fondato sulla minaccia? Come psicanalisti non possiamo ignorare il piacere che provoca: il gusto della fine del mondo. C'è nella distruzione e nella decadenza una forma di attrazione forse aberrante ma innegabile: fa parte della complessità della situazione e dell'uomo.

Le illusioni della ragione

Un effetto simile si produce nell'ambito educativo. Temendo la potenza del desiderio, molti possono trovare una certa utilità nell'uso "ragionato" della minaccia. Benché sicuramente non usino la minaccia come fa uno stato nei confronti di un altro, professori e genitori possono essere tentati di utilizzare l'informazione sui pericoli incombenti del futuro come strumento educativo, per il bene dei giovani.

Ora, dal punto di vista psicanalitico, ogni tentativo di educare qualcuno fondandosi sulla minaccia è destinato a fallire. Molto spesso, la prevenzione basata su una strategia di questo tipo conduce a comportamenti che si possono considerare illogici e che in ogni caso si oppongono nettamente all'intenzione pedagogica di partenza. Freud ha introdotto questa riflessione nel 1920 nel saggio *Al di là del principio di piacere*,[1] in cui inaugurava il suo concetto di "pulsione di morte" (nozione che apparve all'epoca di una radicalità sovversiva, ma che oggi è stata ampiamente assimilata).

Freud spiega che chi adotta un comportamento che può rivelarsi per lui nefasto, se non mortale, non agisce solo per ignoranza del pericolo che corre: al contrario, attraverso questa *negatività* del comportamento, prova un godimento che sovente non ha nulla a che vedere con il piacere, che è appunto "al di là del principio di piacere". Sappiamo per esempio quanto sia inutile cercare di fare prevenzione informando sui pericoli del tabacco, della droga e della velocità al volante. Ciò non significa che ogni informazione di questo tipo sia totalmente inutile; ma certamente lo è nella maggior parte dei casi, perché chi si espone a questi rischi per la propria vita lo fa di proposito: l'informazione resta, per usare un'espressione della matematica, una condizione "necessaria ma non sufficiente".

Kant, nella sua *Critica del giudizio*, offriva un esempio a sostegno dell'opposta credenza in un *sapere sufficiente*. Occorre immaginare, spiega il filosofo, un uomo a cui viene detto: la bella dei tuoi sogni è in una stanza alla quale puoi accedere e in cui puoi fare tutto ciò che desideri; ma

---

[1] Sigmund Freud, *Al di là del principio di piacere*, in *Opere*, a cura di Cesare Musatti, vol. 9, Boringhieri, Torino 1977.

quando uscirai ti attende una morte quasi certa. A questo punto Kant affermava, come fosse un'evidenza, che nessuno avrebbe accettato una promessa di questo tipo. Oggi sappiamo il contrario: non solo molti accetterebbero tale patto, ma per di più il rischio cui si va incontro si rivela spesso più attraente della "bella nella stanza".

All'epoca del mito del progresso, gli uomini e le donne credevano che nessuno si sarebbe consegnato al pericolo con cognizione di causa e senza esitazione. Ritenevano anche che l'educazione e l'informazione avrebbero consentito di accedere gradualmente a quel *regno dei lumi* al quale aspirava Kant. Noi contemporanei siamo testimoni dell'infrangersi di quel sogno.

L'educazione e l'accesso alla cultura non solo non bastano a proteggere l'umanità dalla barbarie ma, al contrario, hanno spesso consentito di esercitare una barbarie molto più grande ed efficace. La seconda guerra mondiale l'ha dimostrato in modo esemplare: conosciamo tutto l'orrore del genocidio "razionale" degli ebrei da parte dei nazisti. Ma purtroppo ce ne sono stati altri! La tratta degli schiavi, con la deportazione in massa e lo sterminio dei neri, la liquidazione degli Indiani del continente americano, il genocidio armeno... hanno avuto luogo prima della Shoah. Dopo, l'orrore evidentemente non è servito a farci dire "mai più": al contrario, Hiroshima e Nagasaki hanno preceduto il genocidio condotto da Pol Pot, che ha avuto a sua volta luogo poco prima del dramma del Ruanda eccetera. La lista è lunga, troppo lunga...

Tuttavia, è vero che esiste un "prima" e un "dopo" l'Olocausto perpetrato dai tedeschi. Non in relazione alle vittime, perché tutti i genocidi sono orribili. L'orrore di quel massacro è particolare perché l'Occidente nei campi di sterminio e nelle camere a gas del Terzo Reich ha visto morire la sua speranza fondamentale: quella di sradicare la barbarie dal mondo grazie allo sviluppo della ragione, dell'intelligenza e della cultura. Non dobbiamo scordare che la Germania non era un paese qualunque dell'Europa tra le due guerre, ma era la culla del pensiero razionale,

61

della filosofia, dell'arte e della scienza. Il concepimento di un mostro nel luogo di culto della ragione occidentale ha inferto una ferita mortale a coloro che credevano nel trionfo della ragione e nella possibilità di costruire un mondo dei *lumi senza ombre*.

L'Occidente ha voluto ignorare una consapevolezza che non sfugge alla saggezza di altre civiltà, ovvero che un simile progetto non può che sfociare in un'oscurità totale e duratura. È questa una delle ragioni per cui è difficile credere che un'educazione razionalista sarebbe in grado di insediarci stabilmente in un regno di pace. L'educazione, intesa come ideologia di emancipazione e strumento di liberazione, porta il lutto per la perdita di quell'illusione. Dal punto di vista storico, anche la psicoterapia infantile è stata segnata dalla caduta di quell'ideale: Anna Freud, pioniera della disciplina, vedeva, ad esempio, nella psicoterapia di massa dei bambini il mezzo per costruire un mondo di pace e armonia.

Oggi siamo ben lontani da questi ideali. Quando gli psicologi della prevenzione stradale si sono interrogati sul fallimento delle loro campagne di informazione, si sono resi conto che messaggi del tipo "La velocità è la morte" o, peggio ancora, "Se acceleri ti schianti", potevano costituire inconsciamente una tentazione. Infatti, il godimento provocato dalla velocità è attivato da significanti quali "schiantarsi" o "uccidersi". Ogni enunciato che pone la minaccia in primo piano può provocare paradossalmente un aumento del pericolo e degli incidenti. I professionisti che lavorano sulla prevenzione dell'Aids riscontrano la medesima difficoltà: qualunque messaggio (per quanto nasca dalle migliori intenzioni) che colleghi la morte al piacere sessuale è, nel migliore dei casi, un'arma a doppio taglio. Dire ai giovani "Se fai l'amore, muori" ha come conseguenza immediata un sovrappiù di non-prevenzione, perché qualsiasi idea di assoluto che, con una sfumatura di romanticismo, colleghi la morte all'atto sessuale rende questo atto molto più desiderabile e intenso.

I responsabili della prevenzione conservano una fiducia kantiana nella ragione come strumento per evitare la morte, il dolore e la sofferenza. Ma le persone a cui si rivolgono possono agire – e di fatto agiscono – contro il loro stesso interesse vitale o, appunto, contro il loro interesse razionale.

L'utilità dell'inutile

Educare i giovani ricorrendo alla minaccia può rivelarsi dunque molto pericoloso. Dire ad esempio: "Se non lavori e non ubbidisci, è probabile che domani la tua vita sarà un disastro", è pericoloso proprio perché non si può mai sapere in quale momento la *minaccia del disastro* si trasformi in *promessa di disastro*. Entra in gioco la pulsione di morte.

Se gli adulti si esprimono in termini di minaccia o di prevenzione-predizione, è senza dubbio perché pensano che quella attuale non sia un'epoca propizia al desiderio e che occorra innanzitutto occuparsi della sopravvivenza. E poi, si dicono, "per quel che riguarda il desiderio e la vita, si vedrà dopo, quando tutto andrà meglio". Ma è una trappola fatale, perché solo un mondo di desiderio, di pensiero e di creazione è in grado di sviluppare dei legami e di comporre la vita in modo da produrre qualcosa di diverso dal disastro. La nostra società non fa l'apologia del desiderio, fa piuttosto l'apologia delle *voglie*, che sono un'ombra impoverita del desiderio, al massimo sono desideri formattati e normalizzati. Come dice Guy Debord in *La società dello spettacolo*, se le persone non trovano quel che desiderano si accontentano di desiderare quello che trovano.

La grande sfida lanciata alla nostra civiltà è quindi quella di promuovere *spazi e forme di socializzazione animati dal desiderio*, pratiche concrete che riescano ad avere la meglio sugli appetiti individualistici e sulle minacce che ne derivano. Educare alla cultura e alla civiltà significava – e significa ancora – creare legami sociali e legami di pensiero. La minaccia invece è iatrogena, perché tende a rompere tutti i legami che uniscono le persone. "Armare" i giovani perché affrontino il mondo che li aspetta non significa proteggerli, ma significa al contrario appoggiare e sviluppare quel mondo da cui si pretende di metterli al riparo.

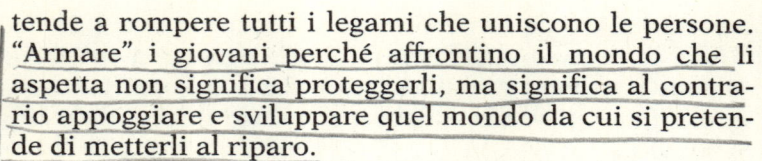

Il processo è questo: più sviluppiamo la serialità e l'individualismo, più rendiamo pericoloso il mondo e lasciamo che l'emergenza, il non-pensiero e la tristezza governino la nostra vita. In questo mondo serializzato i giovani sanno meglio degli educatori, dei genitori e degli adulti quale sia il modo più efficace di "proteggersi e armarsi". E non c'è da rallegrarsi perché si tratta di armi e di fortezze pericolose, come il ricorso alla violenza o alla droga, l'autosabotaggio o la fuga nella sensorialità.

Non solo quindi la crisi, la minaccia del peggio non ci condannano a un utilitarismo forzato, ma al contrario consentono una sola via d'uscita, che è quella di sviluppare la profonda e ontologica inutilità della vita, della creazione e dell'amore. Solo per questa via intravediamo la possibilità di aprire nuovi legami di pensiero e di vita che siano in armonia con l'antiutilitarismo proprio della natura umana e della vita stessa.

Il filosofo cinese Tchouang Tse spiegava che "tutti conoscono l'utilità dell'utile, ma pochi quella dell'inutile". *L'utilità dell'inutile* è l'utilità della vita, della creazione, dell'amore, del desiderio... L'inutile produce ciò che è ci più utile, che si crea senza scorciatoie, senza guadagnare tempo, al di là del miraggio creato dalla società.

Ma oggi questa posizione è ben lontana dall'essere condivisa. Dobbiamo quindi andare più a fondo nell'analisi per cercare di rispondere, come ci proponiamo di fare in questo libro, alle legittime domande che si pongono coloro che, pazienti o famiglie, si rivolgono a uno psicoterapeuta perché li aiuti ad alleviare le loro sofferenze psichiche. Troppo spesso infatti le soluzioni proposte non rispondono alle loro aspettative e, anziché placare la sofferenza, aumentano il loro disorientamento. Per chiarire le ragioni di questo sfasamento è necessario capire fino a che punto i vincoli posti dalla predizione e dall'educazione "sotto minaccia" modificano il nostro lavoro di clinici.

Dalla diagnosi alla classificazione

Attualmente, nell'ambito della psicoterapia, si assiste a una netta tendenza all'abbandono della profilassi in favore della *prescrizione*. In una società che vive nella paura, la cosa non sorprende: è un'evoluzione determinata in larga misura dalla crisi. Da una parte, la crisi induce a trasformare le politiche sanitarie in misure di prescrizione disciplinare (con limitazioni, repressioni, controlli, spostamenti di gruppi ecc.), che si propongono in particolare la diminuzione (immaginaria) della paura sociale di fronte ai giovani, ma che, alla fine, non fanno che rafforzarla. E, d'altra parte, la crisi favorisce il primato dell'economia nelle politiche di sanità pubblica, per ridurre i deficit dell'assistenza sociale, "ottimizzando" l'utilizzo delle attrezzature e del personale sanitario, con la conseguente pressione alla normalizzazione delle cure.

Le ripercussioni di questa tendenza sul nostro lavoro terapeutico con i giovani "in difficoltà" sono molteplici. La più visibile è forse il passaggio da un'accoglienza fondata sulla diagnosi, sull'incontro e sul tempo condiviso a un'accoglienza basata sulla classificazione *a priori* delle "patologie". Questo orientamento non è certo appannaggio della sola psichiatria: anzi, già da tempo assistiamo alla stessa evoluzione (involuzione) nelle diverse branche della medicina sotto l'influenza del modello nordamericano, con la sua proposta di abbandonare progressivamente la medicina della diagnosi – che, per una società fondamentalmente rigida, dipende troppo dall'elemento umano – a favore di una medicina della classificazione. Per quanto riguarda la psichiatria, si ritiene che questa debba fondarsi sulla classificazione delle patologie definita dal metodo del DSM (*Manuale statistico e diagnostico dei disturbi men-

tali), uno strumento creato e proposto dall'APA (Associazione degli psichiatri americani).

Per comprendere cosa sia un'accoglienza psicologica fondata sulla classificazione dobbiamo innanzitutto capire in cosa consista l'atto umano che quella intende sostituire e in quale misura la relazione che stabiliva una situazione di diagnosi risulti trasfigurata dall'obbligo di far rientrare il paziente in una base statistica. Alcuni ritengono che questo approccio costituisca un progresso nell'ambito dell'accoglienza dei giovani, ma noi non la pensiamo così. Il problema dell'impiego della classificazione nella clinica medica è che agisce come un sapere prestabilito, preesistente a qualunque incontro con il paziente. E il momento dell'incontro (tra l'operatore e il giovane, tra l'operatore e la famiglia) e poi quello della diagnosi, che mettono capo a una sorta di progetto condiviso, sono sostituiti da un momento in cui l'operatore deve porre domande preconfezionate, che consentano di situare la patologia del paziente in una griglia di lettura approntata da un programma medico informatizzato.

Per chiarire ulteriormente questo modo di procedere, prendiamo ancora un esempio dalla prevenzione stradale. Un po' di tempo fa, alla radio si ascoltava uno spot pubblicitario che diceva in sintesi: "Oggi, prima di mezzogiorno tre motociclisti si schianteranno in autostrada". Se abbiamo capito bene il messaggio, non ci resta altro da fare che starcene a casa tranquilli, e scaldare il motore della moto in attesa delle notizie. Immaginiamo che verso le undici vengano annunciati tre incidenti di moto; a quel punto si può uscire con la moto e fare quello che si vuole senza paura di ammazzarsi... Il nostro problema nella psicoterapia del bambino e dell'adolescente è sempre lo stesso: dobbiamo occuparci del "quarto motociclista", ovvero dei casi irrimediabilmente unici, per i quali il nostro sapere è per l'appunto necessario ma non sufficiente. In questo senso e al di là dell'aspetto grottesco del nostro esempio, si tratta di una vera e propria scelta rispetto alla società.

La clinica della classificazione al servizio del mondo economico

Gli psicoterapeuti non possono pretendere di essere semplicemente *efficienti* nel loro lavoro. Ci troviamo di fronte a un vero e proprio dilemma filosofico. Un'accoglienza e una clinica organizzate in funzione della prescrizione-classificazione costituiscono senza alcun dubbio la scelta ottimale se il nostro obiettivo è di tipo economico. Se consideriamo l'uomo come una merce e l'insieme del mondo come un elemento economico, possiamo optare per quel tipo di clinica. Oppure possiamo renderci conto che per continuare a fare semplicemente il nostro lavoro, e per continuare a esercitare nell'interesse dei nostri pazienti, dobbiamo adottare un chiaro atteggiamento di resistenza. Dobbiamo cioè opporci alla tendenza attualmente dominante della società che ci chiede di ricevere il *corpo sociale* malato e di curarlo al di là di ogni desiderio concreto e particolare dei nostri pazienti.

In nome dell'economicismo, la nostra società non si preoccupa più del *corpo umano*, ma solamente del *corpo sociale* la cui salute viene valutata in termini economici, ovvero di costi sociali. Con questo passaggio da un corpo (umano) all'altro (sociale ed economico) si cerca di farci accettare un cambiamento di vasta portata senza né identificarlo né nominarlo, come se l'economia fosse una nuova natura.

Naturalmente non siamo così ingenui da ignorare cosa si nasconde dietro la medicina della classificazione dei sintomi. Essa provoca una risposta farmacologica quasi automatica diretta al sintomo-bersaglio. È facile capire che questo cambiamento è favorevole soprattutto a una terapeutica concepita per favorire i laboratori farmaceutici, come se gli equilibri tra operatori, ricercatori e commercianti si fossero rotti e la cura psichiatrica potesse essere trattata come un semplice oggetto di consumo.

Non intendiamo mettere in dubbio l'utilità indiscutibile della ricerca psicofarmacologica, ma criticare il semi-monopolio di questa branca della ricerca e la sua tendenza a imporsi rispetto agli altri campi di ricerca possibili in psichiatria. Non vogliamo nemmeno contestare la prescrizione e l'uso di psicotropi, che sono di grande utilità per molte persone, ma criticare l'estendersi della loro prescrizione e l'eccessivo consumo di questi medicinali – per non parlare delle diverse pressioni che vanno in questa direzione.

Ci sembra insomma che la classificazione, in medicina, induca nel clinico una visione limitata e riduttiva della sua responsabilità e del suo impegno, ispirandogli considerazioni del tipo: "Se ho prescritto il tal medicinale che corrisponde al tale sintomo della classificazione, non sono legalmente responsabile delle conseguenze eventualmente nefaste del trattamento sul paziente"; o ancora: "Non posso essere accusato di non aver trattato questo paziente [cioè il suo sintomo] secondo le regole...".

Possiamo immaginare – dal momento che in Francia, a differenza degli Stati Uniti, siamo ancora nel campo dell'immaginazione – questo tipo di relazione medico-paziente, in cui la principale preoccupazione del clinico è quella di trovare una casellina che corrisponda il più esattamente possibile ai sintomi del paziente. Paziente che, non essendo considerato come una persona complessa e molteplice, ma come una macchina che produce sintomi, può venir percepito fin dal primo colloquio come un nemico possibile, in quanto potrebbe (lui o la sua famiglia) ricorrere alla giustizia se osiamo fare una diagnosi che non corrisponda alle griglie normalizzate. Il problema è che il nostro lavoro non può essere svolto correttamente se a priori, perfino prima dell'incontro, l'eventuale paziente viene considerato un avversario o un pericolo da cui difendersi.

D'altronde – e questa tendenza al contrario della precedente è già ben presente in Francia – l'adesione del medico a una logica di tipo economico è favorita dalla pressione esercitata su di lui dall'orientamento economicista della politica sanitaria pubblica, che lo incita a una certa performance (bisogna ottimizzare lo sfruttamento delle strutture ospedaliere ecc.).

Se accetta queste condizioni, il nostro clinico avrà molte difficoltà a rimanere fedele al suo paziente. Potrà esserlo solo adottando senza indugi una posizione di resistenza alle correnti dominanti.

È importante precisare che questa clinica della classificazione-prescrizione non è più scientifica delle altre, ma è semplicemente molto più redditizia; è solo una clinica che mira a "riparare", concepita in un'ottica di tipo economico. Noi non affermiamo che non si debba lavorare così, ma che gli operatori del settore dovranno affrontare con cognizione di causa la scelta se lavorare con e per i loro pazienti, o rinunciare a questo tipo di lavoro per diventare dei tecnici al servizio di una visione economica del mondo.

6. Etica ed etichetta

L'evoluzione nel senso di una medicina della classificazione si inscrive in una tendenza più generale delle culture occidentali, sempre più caratterizzate dalla problematica della costruzione di modelli, ovvero della rappresentazione in forma matematica e sistematica del reale, allo scopo di comprenderlo e modificarlo. L'aspetto perverso di questa tendenza consiste nel fatto che le nostre società finiscono per credere, nel senso profondamente antropologico del termine, che il reale debba disciplinarsi e disporsi secondo griglie, modelli e concetti.

Si direbbe che, una volta fissate, etichette e classificazioni prendano il posto del mondo. La nostra relazione con il mondo diventa una relazione con i modelli, che ci appaiono come il mondo stesso. E oltre questa tassonomia, tutto ciò che deborda, ogni paradosso e incertezza è percepito come l'elemento "di disturbo" del reale. Deploriamo il fatto che il reale, il mondo, gli animali e le cose in generale abbiano l'irritante tendenza a eccedere i limiti del nostro bel modello epistemologico, della gabbia classificatoria. Ma noi questa gabbia l'abbiamo costruita perché, nel peggiore dei casi, la abitino o, nel migliore, scompaiano dietro il modello che li rappresenta.

Ciò detto, è evidente che, senza costruzione di modelli, ovvero senza un lavoro di classificazione o di differenziazione, non può esistere nessun sapere e nessun pensiero.

Per capire gli esempi clinici che esporremo in questo capitolo, bisognerebbe forse ricordare il consiglio di Karl Marx: non bisogna confondere le cose della logica con la logica delle cose...

Etichetta e molteplicità della persona

Trasposta nell'ambito della clinica, l'affermazione suona più o meno così: si può dire che "la 301 è una cirrosi", oppure sapere che, in una stanza, qualcuno soffre di cirrosi. Nell'ambito della medicina somatica, questo problema viene sollevato spesso; raramente viene risolto, ma almeno l'identificazione di una persona con la sua malattia è generalmente percepita come un eccesso e una deformazione.

In compenso, in ambito psicosociale queste questioni non sono affatto chiare. Diciamo che è ancora relativamente facile per il signor Perez liberarsi dell'etichetta "cirrosi", far valere il suo diritto a essere e a esistere come molteplicità senza che si identifichi la cirrosi con la sua molteplicità. Ma è molto più difficile, se non impossibile, sottrarsi a questa etichetta per una persona diagnosticata come "schizofrenica" o catalogata come "disabile". Al contrario, tutto ciò che riguarda la sua personalità, compreso ciò che non ha nulla a che vedere con la diagnosi o la classificazione, sarà arbitrariamente identificato come parte, sintomo e segno di tale classificazione. Si vedrà uno schizofrenico che dipinge e la sua pittura sarà quella di uno schizofrenico, si vedrà un disabile impegnarsi in politica, e sarà in primo luogo un "disabile che fa politica". Innanzitutto sarà quindi l'etichetta a strutturare, nella percezione sociale, l'essere nel mondo delle persone etichettate.

In realtà, la questione dell'etichetta ci rimanda a quella della norma (in particolare alla norma sociale su cui ci siamo già soffermati) e al suo funzionamento all'interno delle nostre culture. È *normale* per così dire ciò che "non si vede...", ciò che non sconfina appunto dall'etichetta. Ad esempio, nessuno sentirà la necessità di sottolineare che il presidente francese è un "uomo", ma ovunque si è commentato il fatto che il primo ministro indiano fosse una "donna"; analogamente, nessuno constaterebbe con aria più o meno scioccata che il ministro dell'Interno è "eterosessuale", ma se il sindaco di una città importante è "omosessuale", la gente lo ritiene un argomento da commentare – favorevolmente o meno, in questo caso non importa. La norma è così legata a una sorta di circolazione, di distribuzione dello sguardo: è *normale* ciò che non attira lo sguardo, ciò che si può rubricare sotto la dicitura "niente da segnalare". Lo sguardo, ciò che si dà a vedere, ciò che bisogna vedere e ciò che bisogna far finta di non vedere: tutto questo determina da un punto di vista antropologico gli elementi principali di ogni cultura e i limiti da non oltrepassare. Questi elementi possono essere molto diversi, ma il meccanismo di base è lo stesso: uno sguardo che tenta di vedere al di là di ciò che l'altro dà a vedere e di ciò che la cultura ritiene possa essere visto infrange i limiti del "corretto", diventa osceno o abusivo.

Prendiamo l'esempio della società afgana. Nei suoi reportage dall'Afghanistan pubblicati nel gennaio 2002 sul quotidiano "Libération", la giornalista francese Florence Aubenas spiegava cosa guardano gli uomini e le donne nelle donne che indossano il *burka*, l'abito che le copre dalla testa ai piedi. Le donne confessano che il loro sguardo cade sulle mani, per capire com'è questa donna, se è giovane o vecchia, se si cura o meno... Insomma, vedono attraverso le mani tutto ciò che le donne di ogni cultura tentano di vedere e che è limitato da ciò che è ammesso "lasciar vedere".

Gli uomini afgani invece confessano che quando vedono passare una donna il loro sguardo si dirige sulle caviglie. Per questo le donne mettono molta cura nella scelta delle calze, perché sanno che sono proprio ciò che è dato vedere di loro. Giocano così quel gioco universale che consiste nell'evocare ciò che si nasconde, ciò che non deve essere mostrato o anche ciò che non si deve tentare di vedere in pubblico.

Vista l'oppressione subita dalle donne afgane, questo esempio può sembrare una provocazione. Ma la nostra intenzione è "pacifica", vogliamo solo spiegare il meccanismo della *norma-sguardo* che si applica, con enormi differenze, in ogni sistema di norme sociali. Al di là delle differenze, in effetti, lo stesso meccanismo si ripete in Occidente: la minigonna per esempio è ciò che, essendo visto, evoca il non-visibile. Ed è proprio ciò che conferisce ai campi nudisti un carattere spiccatamente puritano. La nudità dei corpi, in questi campi, non è erotica, anzi dice molto chiaramente: "Qui non c'è assolutamente nulla da vedere... circolare!". Ma esiste un altro genere di nudità, questa volta erotica, in cui la danzatrice (o il danzatore) nudi evocano attraverso movimenti erotici le delizie che lo spettatore potrebbe assaporare, ma che lo spettatore non può vedere. È l'evocazione di ciò che potrebbe accadere in un'altra scena, in una scena privata.

Questo meccanismo di ciò che si guarda, di ciò che si vede e di ciò che si dà a vedere determina in ogni cultura il rispetto dell'altro, degli altri e di se stessi. Non essere un oggetto trasparente agli occhi dell'altro, infatti, costituisce la base della socievolezza. La divisione tra scene pubbliche e scene private è un fondamento dell'esistenza di qualsiasi comunità; può assumere forme diverse, ma dovunque si ritrova la stessa struttura, la stessa separazione.

La dinamica dello sguardo sull'"altro"

L'etichetta induce a credere che, in virtù della classificazione e della diagnosi, si sia reso visibile qualcosa che appartiene all'essenza di una persona e che si trasforma così in *essenza visibile*. Proprio per questo, nell'ambito psicosociale, le etichette pongono tanti problemi: ci fanno adottare uno sguardo normalizzatore.

Quando per esempio posiamo lo sguardo su un disabile,

in genere vediamo un'etichetta che lo ricopre totalmente e dietro a cui, da un punto di vista sociale, egli scompare. Quando qualcuno esce in strada sulla sedia a rotelle, incrocia gli sguardi ambigui e imbarazzati dei passanti: evitano di guardarlo o lo guardano con un "rispetto" esagerato. In effetti, lo sguardo è pieno di imbarazzo perché l'altro, che si muove stando seduto, esibisce qualcosa che ci sembra essere la sua essenza fondamentale, la sua *etichetta-natura*, quella che tutti nascondono, quella che, come tutti sappiamo, separa nettamente gli spazi definiti dallo sguardo privato e da quello pubblico; sarebbe come guardare l'altro in una sorta di nudità forzata. Ecco perché si sospetta in questo sguardo un elemento di oscenità.

Questa dinamica dello sguardo è talmente codificata in ogni cultura che entra a far parte dell'educazione dei bambini. Si assiste spesso alla scena di un bambino che guarda un nano, un disabile o qualcuno che porta le stigmate della differenza; lo fissa, e l'adulto gli insegna il limite dello sguardo: "Non bisogna guardare in quel modo". L'altro è lì davanti, il bambino può vederlo, ma, come gli è stato insegnato per le parti intime del suo corpo, deve imparare a non guardare ciò che non deve essere visto, o fare finta di non vedere ciò che l'altro è costretto suo malgrado a mostrare.

È il "miracolo" dell'etichetta: produce l'impressione che l'essenza dell'altro sia visibile. A quel punto, l'altro non è più una molteplicità contraddittoria che esiste in un gioco di luci e di ombre, di velato e svelato, ma diventa immediatamente visibile e riconoscibile. Si è convinti, grazie all'etichetta, di sapere tutto sull'altro, chi è, cosa desidera e come è strutturata la sua vita, perché l'etichetta non si limita a classificare, ma stabilisce un senso, una sorta di ordine nella vita di chi la porta. Dobbiamo allora chiederci: cosa sappiamo realmente dell'altro quando conosciamo la sua etichetta? Il problema sta proprio nel fatto che il *sapere* (*savoir*) si confonde con il *ciò che è dato da vedere* (*ça à voir*).

Ma questa dinamica è particolarmente complessa nelle nostre società, perché il *diritto di guardare* equivale in molti casi all'esercizio di un potere sull'altro. Per esempio, una famiglia che venga etichettata come famiglia "con problemi" deve accettare di essere guardata: i professionisti (giudici, psicologi, educatori, assistenti sociali) hanno un diritto di sguardo sul suo spazio privato. Nelle nostre società, chi si scosta dalla norma o la trasgredisce perde soprattutto i suoi diritti nell'ambito del privato e del segreto. In altre parole, il diritto a una certa *non-visibilità*, il diritto a un'opacità privata è associato a un privilegio, è un diritto che ci si deve meritare e che si può perdere nel momento in cui ci si discosta, in un modo o nell'altro, dalla norma sociale. In questo caso si deve affrontare lo sguardo dell'altro. Esistono molteplici ragioni per essere inseriti nel novero di coloro che "deviano" dalla norma e per essere, di fatto, esposti allo sguardo pubblico: un incidente che rende disabili, un reato, una grande difficoltà a organizzare la propria vita, una malattia genetica...

Ancora una volta il problema è che, vedendo un'etichetta, crediamo, a torto, di sapere tutto di colui che la porta. Nella clinica della tristezza sociale, nella psicoterapia, il progetto di ascolto e di aiuto dell'altro deve quindi passare attraverso un lavoro preliminare su di sé, che porti a non vedere nella persona un'etichetta. Ma non basta, bisogna andare ancora oltre e aiutare l'altro, l'individuo o la famiglia, ad affrancarsi da quell'etichetta con la quale sovente si identifica, intendendola talvolta come un modo di essere al mondo.

Etichetta e determinismo

Diventa chiaro a questo punto che ricevere un'etichetta equivale a essere imprigionati in una sorta di destino predeterminato. Ci si ritrova vittime, proprio malgrado, di una forma di determinismo sociale e individuale: i nostri desideri, il nostro divenire e ciò che possiamo sperare e costruire nella nostra vita, tutto entra a far parte di un sapere e di una statistica prestabiliti, che ci esiliano dalla nostra incertezza, che è la condizione della libertà di ogni essere umano o gruppo sociale.

Questo determinismo sociale, spesso favorito dagli stessi psicologi, fa parte della *visibilità* della nostra storia resa pubblica, perché la *visibilità* contiene questa idea di determinismo e di fatalismo. Allo stesso tempo, il determinismo comporta chiaramente una violenza fortissima esercitata contro le persone che l'etichetta ha proiettato nel campo del visibile. Succede in effetti che *ciò che è dato da vedere* e il *sapere* riguardo a una persona sono alla fine condivisi e accettati dalla persona oggetto dello sguardo e del sapere. Più o meno esplicitamente, questa persona sa che la società si aspetta che si identifichi con la sua etichetta, e non con riluttanza, perché in quel caso non la si potrebbe più "aiutare". Di fronte alla classificazione e al sapere normalizzante, l'unica possibilità di resistenza per chi vuole esistere come persona comporta spesso una violenza sintomatica verso gli altri, verso il proprio ambiente o verso se stessi.

Ma la storia insegna che è soprattutto l'azione collettiva che consente di sfuggire al determinismo dell'etichetta, come dimostrano le diverse minoranze sociali che hanno ribaltato la propria posizione nell'ordine stabilito dalla norma sociale mediante il gioco della resistenza-costruzione. È il caso, per esempio, delle comunità omosessuali: oggetto di discorso e di sguardo, oggetto di repressione e di trattamenti clinici ("per il loro bene..."), oggetto di tentativi di sterminio, i gruppi omosessuali figurano eminentemente tra quei *visibili*. Quando qualcuno era identificato come "omosessuale", questa etichetta lo rendeva *visibile*, ossia era determinato in rapporto allo sguardo *normale*: i suoi atti erano interpretati come sintomi e questi sintomi insediavano la persona in un'unidimensionalità patologica che consentiva di acquisire un sapere su di lei e sul suo destino. Anziché cercare di stabilire un sapere condiviso con la persona in questione, l'etichetta la invalida come soggetto di discorso: altri sanno al posto suo.

È questa logica che gli omosessuali sono riusciti a rompere attraverso le loro lotte, i loro lavori e i loro scritti. Un po' alla volta, si sono trasformati in soggetti di discorso, criticando e spostando la norma eterosessuale dominante. Ma, prendendo la parola ed esprimendosi, questo gruppo non diventa più chiaro o più trasparente. Al contrario, un tale cambiamento consente loro di essere visti nella loro molteplicità: questo significa, per il gruppo e per ciascuno dei suoi componenti, che la società riconosce loro qualcosa che non si riassume nell'etichetta, poiché la molteplicità non può ridursi a un solo elemento che fa le veci del tutto. Paradossalmente, il fatto di comunicare ha conferito loro il diritto a una certa "privatezza" e a una certa opacità che sono il fondamento concreto di ogni soggettività nel discorso.

L'esempio felice della "cultura sorda" illustra altrettanto bene questa dinamica. Si sa che i sordi sono stati spesso duramente repressi: quindicimila sordi sono stati sterilizzati dai nazisti e altri hanno conosciuto la stessa sorte in paesi democratici, come la Svezia e gli Stati Uniti; la loro lingua, la lingua dei segni, è stata vietata, e nel migliore dei casi si proponeva loro l'oralizzazione per poter accedere allo statuto di "minorati accettabili" e di imitatori della norma. Rivendicando il concetto di "cultura sorda", coloro che si sono battuti contro quella normalizzazione ci hanno insegnato molto. Per esempio, che una soggettività percettiva, ovvero un modo particolare di percepire il mondo, contribuisce a costituire una singolarità concettuale concreta. Infatti il sordo non si definisce attraverso una mancanza, ma è un essere umano che percepisce e abita un ambiente diverso da quello dell'udente. Così, la lingua dei segni non è una specie di stampella che sostituirebbe la meravigliosa lingua degli udenti, ma è semplicemente una lingua diversa. E, come tutti sanno, una lingua non è semplicemente un mezzo di comunicazione, ma è anche una combinatoria pensante e creatrice di concetti, di percezioni e di affetti che le sono propri.

In questo senso, l'"integrazione" sociale dei sordi non deve essere pensata come un favore concesso dai "normali" a dei poveri "portatori di deficit", ma come un ampliamento del mondo grazie a una sensibilità concettuale, artistica e umana supplementare: combinata con la cultura dominante non sorda, la cultura sorda arricchisce la società. È così che l'etichetta "sordo", che condannava la persona a un rigido determinismo (nel senso, per esempio, che alla domanda "che cosa desidera un sordo?" la risposta normalizzatrice era "desidera udire"), lascia il posto a una molteplicità nuova e rigogliosa. Dove il *ciò che è dato da vedere* a proposito del sordo ci faceva credere a un *sapere* su di lui, emerge invece un'opacità creativa.

Attraverso questi esempi, si comprende in che senso l'etichettatura sociale faccia parte di una disciplina, di uno sforzo permanente di messa a norma e di messa in forma. Una società democratica e non sclerotizzata è una società nella quale queste etichette, queste determinanti possono evolvere, cambiare e scomparire. È qui che si gioca buona parte del destino delle nostre società occidentali, in funzione della loro capacità di resistere alla grande tentazione di sostituire i saperi multipli e contraddittori con saperi tecnico-scientifici. Per noi, oggi, è difficile accettare l'idea che l'aumento dei saperi scientifici sulla vita e sulla società non debba sostituire la molteplicità. La molteplicità, però, non deve essere intesa come una forma di ignoranza che procede nella direzione dell'oscurantismo, ma come la convivenza di saperi prodotti dalla scienza e dalla tecnica con saperi di altra natura.

Sia chiaro: la resistenza all'ideologia scientista non si oppone alle pratiche scientifiche, ma contribuisce anzi al loro sviluppo perché le libera da un eccessivo carico di responsabilità nei confronti del divenire della società. La constatazione del fatto che le nostre società vivono attualmente un palese "deficit di pensiero" e di senso non autorizza infatti ad accusare la scienza o la tecnica di rubare o di monopolizzare questo pensiero e questo senso. Bisogna piuttosto sviluppare luoghi e pratiche che consentano di colmare quel vuoto, e accompagnare lo sviluppo della tecnica e della scienza.

Così, se il *sapere* e il *ciò che è dato da vedere* si riferiscono ai divieti che fondano ogni cultura, si deve essere coscienti del fatto che la scienza spiega unicamente dei meccanismi, e che ciò non ci dispensa in alcun modo dal pensarli.

Inventare una clinica della molteplicità

Se chiamiamo *continente nero* il territorio del reale, questo spazio inaccessibile alla luce, allora possiamo dire che l'educazione, la rieducazione, la cura, la normalizzazione (o come la si vuole chiamare) partecipano alla *conquista del continente nero*, territorio che "deve essere conquistato da e per i lumi della ragione e del bene". La *conquista del continente nero* è una delle metafore coniate per indicare l'atteggiamento (troppo noto e troppo frequente) delle società della norma, della sorveglianza e della punizione, di fronte a ciò che è altro dalla ragione. Questo altro poteva essere, nel caso della malattia mentale, il folle e il deviante. Nel campo dell'istruzione, era colui che ignorava la cultura dominante. Anche la donna era l'"altro", anche lei veniva identificata come un *continente nero*. In ogni caso il *nero*, l'inaccessibile alla ragione panottica viene associato, nelle nostre società, a un elemento barbarico: a quel radicalmente altro che con la sua sola esistenza minaccia e mette in pericolo la sopravvivenza delle nostre culture.

Etimologicamente, la parola "barbaro" designa nel mondo greco-romano colui che non possiede il linguaggio, colui che "farfuglia" in modo incomprensibile e che non è quindi in grado di rispettare i tre principi fondamentali della cultura: mangia ciò che è proibito, o non mangia in modo *civile*, le sue relazioni sessuali o il modo di usare i suoi organi genitali non sono *normali* e non possiede la lingua della civiltà – per estensione si dirà che non possiede del tutto il linguaggio. Ma barbaro non è solamente colui che minaccia le frontiere della civiltà, è anche colui che, all'interno della medesima civiltà, non vi si adatta e non può assumere la norma sociale che essa impone; e al contempo è colui che gode di cose illecite, senza limiti e senza controllo.

Da questo punto di vista, ogni persona "deviante" o "anormale" sarà, come il barbaro, sospettata di non saper controllare il proprio godimento, o si riterrà opportuno che rinunci a ogni forma di godimento. La cultura è definita molto chiaramente da questo "inquadramento" del piacere, che non viene rispettato né dal barbaro né dal deviante (evidentemente le ragioni dell'uno e dell'altro per non rispettarlo sono molto diverse). Chi ha anche solo un po' di familiarità con il mondo psicosociale riconoscerà in queste tre forme di "deviazione" (relative al cibo, al sesso e alla parola) i tratti di base che servono a qualificare nella nostra cultura tutti i devianti e i malati.

Naturalmente l'handicappato può parlare, come lo psicotico, ma la loro parola, prigioniera delle griglie e della classificazione, non è più parola, diventa un sintomo. È questa posizione "disciplinare" che, come clinici, ci sforziamo di superare radicalmente, per cominciare il nostro intervento dove termina la visione normalizzatrice. La nostra clinica non muove dalla classificazione per determinare delle impotenze, ma mira al contrario a scoprire, insieme a coloro che ci consultano, le potenzialità che ciascuno possiede. O piuttosto quelle di cui ci si può riappropriare una volta che ci si disfa dell'unidimensionalità dell'etichetta e la molteplicità della persona può venire alla luce. La nostra è anche una clinica dell'impegno: non possiamo accompagnare colui che ci consulta in un percorso di autentico superamento della sua unidimensionalità se restiamo tranquillamente nascosti dietro la nostra etichetta di tecnici.

Questo non implica affatto che il clinico dimentichi i saperi e le tecniche che gli competono, o che stabilisca false simmetrie con il paziente. Si tratta piuttosto di impegnarsi con lui su un cammino comune di cui conosciamo forse alcuni elementi, ma di cui ignoriamo (accettiamo di ignorare) la direzione e il percorso.

Il sintomo e il modo di essere

Le persone che ci chiedono una consulenza giungono da noi più o meno liberamente, nel senso che anche se la maggior parte delle volte vengono di propria iniziativa, è difficile stabilire fino a che punto la loro richiesta non sia prodotta in maniera normalizzatrice e imperativa. Così, arrivano nei nostri studi accusando di essere afflitti da uno o più sintomi e ci chiedono di aiutarli a disfarsene per poter continuare a vivere. In teoria sembra tutto molto banale, se non che i sintomi psichici non sono paragonabili a quelli di un'appendicite acuta (e qui non parliamo nemmeno dei sintomi legati al disagio sociale e che vengono resi psicologici).

Il sapere psicologico lavora fondamentalmente con delle metafore, con delle ipotesi metaforiche, perché i concetti e le categorie che descrivono il funzionamento psichico di una persona non esistono in un "in sé" da cui poter attingere per applicarli a ogni singolo caso. Al contrario, parliamo e lavoriamo con qualcosa che non sappiamo con certezza cosa sia, anche se questo non ci condanna a una soggettività agnostica: quelle ipotesi possono essere "produttive" – vale a dire che, se le applichiamo al lavoro clinico, si rivelano soddisfacenti.

Rimane il fatto che il "paziente" ci parla di ciò che siamo tenuti a considerare come un sintomo, altrimenti dobbiamo identificare con mezzi diversi quello che nel nostro sapere si definisce un sintomo. Ma a questo punto sorge un nuovo problema: che fare di questo sintomo? Bisogna cercare a tutti i costi di farlo sparire? La risposta non è immediata. In effetti, ciò che il paziente può chiamare sintomo è allo stesso tempo un elemento, spesso importante, di quello che potremmo definire più in generale il suo *modo di essere nel mondo*, il suo *Dasein* (per usare l'espressione di Heidegger). Questo significa che non ha senso parlare di una persona ipoteticamente sana sulla quale si sarebbero innestati una serie di sintomi.

Ecco perché la nostra preoccupazione principale non

sarà in nessun caso quella di eliminare al più presto i sintomi, ma di tentare piuttosto di comprenderne il senso all'interno della molteplicità della persona. In altre parole, si tratta di partire, nella nostra prassi clinica, dal celebre principio esistenzialista enunciato da Sartre: "L'esistenza precede l'essenza". La molteplicità dell'esistenza, sempre contraddittoria e complessa, precede (senza mai ridursi a un'etichetta) il sintomo o il carattere unico che, una volta riconosciuto, ridurrebbe a sua volta la persona a un elemento-essenza ("è un'anoressica", "uno schizofrenico" ecc.).

Ma spingiamoci oltre: contrariamente all'opinione di alcuni psicologi, il fatto che un sintomo sia realmente fastidioso per un paziente e che questi affermi sinceramente di volerlo eliminare non autorizza a trarne la conclusione che la molteplicità contraddittoria che lo costituisce desideri veramente disfarsene. È questa la ragione per cui non dobbiamo "prendere le persone alla lettera": anche se tutto ciò che dicono è "degno di fede", non è mai tutto ciò che possono dire. Conosciamo tutti dei tossicomani o degli etilisti che continuano a ripetere atti per loro dannosi, affermando sinceramente di volerli abbandonare. Ma non bisogna cedere a una visione semplicistica credendo che, poiché viene detto con sincerità, questo enunciato impegni l'insieme della persona nella sua molteplicità.

Questa posizione non piacerà agli psicoterapeuti che desiderano possedere un potere (quello di guarire) sui loro pazienti. Ma una clinica della situazione si sviluppa proprio a partire dall'esigenza di creare una base comune con i nostri pazienti, di costruire un pensiero comune, che ci impedisca fin dall'inizio di essere nella posizione di un soggetto di fronte a un oggetto, un oggetto da riparare. Il lavoro terapeutico in psichiatria non può mirare solo alla soppressione dei sintomi (al di là di qualche caso molto preciso, ne sarebbe d'altronde capace?). Deve tener conto della molteplicità inerente a ogni soggetto e del posto che vi occupa il sintomo.

Questo naturalmente non significa, è importante precisarlo, trascurare l'imbarazzo provocato dal sintomo, come viene ben espresso *a contrario* da una barzelletta che si racconta in Francia e in Argentina (dove la pratica psicanalitica è molto diffusa). È la storia di due amici che si incontrano e il primo dice all'altro: "Ormai sono quasi dieci anni che vai in analisi?!". Il secondo risponde: "Sì, sai, il problema è che facevo ancora la pipì nel letto a quarant'anni e allora ho deciso di andare dallo psicologo". Incuriosito, l'amico gli chiede: "E oggi, dopo dieci anni, come va?" e l'altro gli spiega: "Continuo a fare la pipì a letto, naturalmente, ma non me ne importa più niente!".

Non si tratta insomma di fare l'apologia di un'assenza di cambiamento nei nostri pazienti, ma più semplicemente di interrogarci come clinici sul senso di questo cambiamento senz'altro necessario, e sul suo fondamento. Per illustrare questo punto vogliamo ricordare la storia vera – a differenza di quella del paziente con il problema dell'enuresi – di una bambina epilettica, che ci raccontava una decina di anni fa in Francia uno psichiatra molto noto, all'epoca in cui si avviava il lavoro di "integrazione" dei disabili nell'ambito scolastico. La bimba aveva cinque o sei crisi al giorno e, da quando fu integrata in una scuola elementare, il numero delle crisi si ridusse della metà. Era senza dubbio un buon risultato per la bambina. Ma, dal nostro punto di vista, integrazione significa che la scuola possa accoglierla qualunque sia l'evoluzione delle crisi, anche se dovessero per esempio aumentare anziché diminuire. Quella che desideriamo infatti è una scuola che non chieda di essere "forti", ma in cui sia possibile non essere né forti né deboli, e accettare insieme la fragilità della vita.

A nostro parere, sia l'integrazione che la cura devono passare attraverso il *riconoscimento della molteplicità* della persona. Riconoscimento che non dovrebbe riguardare solo le persone che hanno problemi, ma anche quelle che si considerano "normali", affinché possano finalmente disfarsi, con loro grande sollievo, della terribile e dolorosa etichetta di "normale", per poter assumere e abitare le molteplici dimensioni della fragilità. Nelle nostre società della durezza e delle passioni tristi ci interroghiamo sullo scacco di quelli che vengono definiti "deboli", mentre dovremmo, ci pare, interrogarci un po' di più su ciò che viene riconosciuto come "trionfo" e successo.

Ci ricolleghiamo qui al discorso fatto in precedenza a proposito dell'ideale del dominio che pervade la nostra società. Infatti è proprio là dove nessuno guarda, in quel "niente da segnalare" della norma, che una serie di esseri umani vivono nella paura permanente di dover "essere forti", "all'altezza". Ma, "trionfare" nelle nostre società della tristezza è grave almeno quanto fallire, perché comporta un prezzo da pagare, quello della tristezza, della durezza e dell'angoscia di essere inclusi un giorno nel novero delle persone che rivelano una "falla". Il "trionfo" presuppone che si recida ogni legame con le dimensioni della propria fragilità e complessità. E "fallire" significa naufragare nell'acredine dei sentimenti di invidia e del desiderio di rivincita, che sono due facce della stessa medaglia.

Il caso del "signor imperatore"

Il racconto della storia di un paziente con cui uno degli autori di questo libro, Miguel Benasayag, ha condiviso molti anni di lavoro, di pensieri e di emozioni contribuirà forse a spiegare meglio ciò che stiamo cercando di esporre. (Quindi il racconto che segue sarà scritto in prima persona.)

Alcuni anni fa Marc, un bambino di dieci anni, è venuto in ospedale per un colloquio. Come accade spesso in questi casi, il bambino preoccupava molto le persone che lo circondavano. La famiglia si era decisa a chiedere un colloquio in seguito a un'esperienza negativa in una colonia di vacanze dove un certo comportamento, che fino a quel momento era passato più o meno inosservato, era "esploso".

Un lunedì mattina accolgo quindi questo bambino con i suoi genitori, visibilmente agitati (come la maggioranza dei genitori che accompagnano il figlio in un servizio di psichiatria, la loro angoscia è raddoppiata dalla paura implicita di essere giudicati: "Siamo dei bravi genitori? O saremo considerati delle persone che non hanno saputo educare i loro figli al punto che adesso, per il loro bene, la società dovrà occuparsi di loro?"). Mi raccontano che tutto è cominciato nella colonia di vacanze in cui Marc rifiutava di lavarsi nudo di fronte agli altri bambini. Poi Marc stesso mi spiega che, anche a casa, si fa la doccia vestito con una specie di camicione e che si insapona attraverso il sottile tessuto. Mi spiega poi che gli istruttori della colonia erano molto turbati per quello che raccontava.

Marc aveva infatti spiegato, riprende la madre, di essere l'imperatore di un pianeta chiamato Orbuania e che, come imperatore di questo pianeta, veniva ogni giorno sulla terra in osservazione. Ma ogni notte lasciava il suo corpo e tornava nel suo pianeta dove riprendeva la sua normale vita di imperatore. A quel punto chiedo ai genitori se Marc avesse già parlato loro di tutto questo e rispondono che sì, naturalmente gliene aveva parlato. Marc aveva inoltre scritto una serie di quaderni in cui descriveva la vita di Orbuania, che aveva fatto leggere ai suoi insegnanti, i quali trovavano, come del resto i genitori, che sebbene il bambino fosse un po' ossessionato dalla sua storia, rivelasse in fondo solo di possedere un'immaginazione un po' troppo fervida.

È necessario precisare che Marc aveva rivelato, nei vari test a cui era stato sottoposto in ospedale, un'intelligenza superiore alla media. E agli psicologi che gli avevano sottoposto i test aveva dichiarato di voler parlare del suo impero con qualcuno, ma che non voleva essere trattato "psicologicamente". Gli ho chiesto perché. Dall'alto dei suoi dieci anni, mi ha risposto che gli psicologi sono persone che non capiscono nulla delle cose, che interpretano tutto e che lui invece desiderava parlare, ma in modo più complesso e profondo, con un adulto che non lo catalogasse.

Non credevo alle mie orecchie: quel bambino mi stava dicendo che non voleva essere trattato come un sintomo. Mi diceva molto chiaramente che desiderava parlare, ma che quella conversazione non doveva cadere in un riduzionismo tecnico. Gli dissi immediatamente che io ero uno psicologo, ma che ero anche un filosofo, che la sua storia mi interessava molto e che desideravo parlare con lui anche se non capivo bene perché volesse parlare con qualcuno. Penso che all'inizio il desiderio di comunicare la sua visione delle cose nascesse da due ragioni ben distinte: da una parte, le persone reagivano male quando lui parlava del suo impero; e dall'altra, siccome in questa storia non tutto gli era completamente chiaro, l'opinione di qualcuno che non lo giudicasse gli era preziosa. Tale fu il nostro primo patto, che restò intatto per oltre dieci anni di lavoro comune e di amicizia reciproca.

"Signor imperatore", è così che ho cominciato molto presto a chiamarlo. Quell'appellativo è diventato il suo nome, o meglio il suo soprannome, che accettava con un certo piacere. E non ero il solo a chiamarlo così: le segretarie, vedendolo arrivare per la sua ora di discussione (non è mai stata una seduta), lo salutavano, senza alcun tono di scherno, dicendogli: "Buongiorno signor imperatore!".

Un po' alla volta, Marc mi descriveva il suo pianeta. Parlavamo anche della difficoltà di vivere sulla Terra, una difficoltà che sotto molti aspetti ci accomunava – con lo svantaggio per me che io, contrariamente a lui, non sono imperatore neanche per qualche ora al giorno. Fin dai primi incontri ho chiesto a Marc cosa pensasse della realtà di Orbuania. Sviluppò a questo proposito una teoria che non è mai cambiata nel corso degli anni, anche se con il tempo si è affinata. Orbuania e le sue costellazioni, i pianeti che dipendevano dal suo impero e i suoi nemici esistevano davvero, ma non poteva dimostrarlo. Mi proponeva quindi di adottare, a proposito dell'esistenza del suo impero, la "scommessa di Pascal" riguardo all'esistenza di Dio. Si può immaginare il mio stupore (e non sarebbe stato l'ultimo!) quando udii una tale proposta uscire dalla bocca di un bambino di quell'età! La realtà di Orbuania non dipendeva da una credenza personale, ma dal grado di esistenza determinato dalla *necessità* che un tale oggetto esistesse...

Qualche anno dopo, quando Marc cominciava ad avere il profilo del matematico che è oggi, ha partecipato come uditore ad alcune riunioni, da me coordinate, con due ricercatori (un matematico e un fisico), in vista della stesura di un libro di logica matematica. Tra i soggetti che affrontavamo c'era il problema ontologico dello statuto di esistenza dell'oggetto della scienza. L'imperatore offriva il suo parere sui teoremi fondamentali di Gödel e di Cohen, tra gli altri. E appena poteva ci dava notizie di Orbuania, cosa che incuriosiva al massimo, come si può immaginare, gli scienziati miei complici, assolutamente incapaci di definire ciò che "esiste" o meno, e perfino di saper dire più o meno cosa questa parola significhi.

Un giorno ho vissuto un episodio piuttosto comico con l'imperatore. Era un pomeriggio d'estate e faceva molto caldo al Centro; quando Marc arrivò gli proposi di andare a bere qualcosa al bar, come facevamo abbastanza spesso. Al bar, quando il cameriere viene a prendere l'ordinazione, chiedo a Marc: "E lei, cosa desidera, signor imperatore?". Marc risponde e, quando il cameriere si allontana, mi dice in tono protettivo: "Vede, Benasayag, a me non dà nessun fastidio, ma se continua a chiamarmi 'signor imperatore' in pubblico, finiranno per pensare che lei è un po' matto" – e accompagna l'affermazione con un gesto esplicito, puntando l'indice sulla tempia e facendolo ruotare su se stesso. Poco per volta imparavo a capire quando potevo chiamarlo signor imperatore. E lui da parte sua imparava, probabilmente insegnandolo a me, che non tutti sono in grado di capire le interessanti informazioni sul suo pianeta, per la semplice ragione che poche persone sono in grado di comprendere d'acchito i *Pensieri* di Pascal.

Questa storia non deve farci dimenticare ciò che non è ancora stato detto, cioè che Marc non è mai stato medicalizzato, che non è mai stato ospedalizzato in un reparto di psichiatria, né etichettato e non è nemmeno mai rientrato in un programma di integrazione... Solo quando è entrato all'École normale supérieure, dopo aver fatto Matematica superiore e Matematica speciale, gli ho suggerito di dedicarsi alla ricerca anziché all'insegnamento e lui, condividendo il mio parere, ha seguito il mio consiglio.

A un certo punto di questa storia con Marc, gli ho proposto di realizzare un breve filmato in cui lui avrebbe descritto il suo impero e spiegato i delicati meccanismi di quel mondo in cui i due sessi non si distinguevano per alcun segno esteriore, essendo entrambi identicamente "piatti", in cui il partito maggioritario era misogino, in cui le donne (che lui era il solo a poter identificare) erano geneticamente inferiori agli uomini e in cui i membri di un partito anarchico venivano sovvenzionati come clown ufficiali dell'impero. Contrariamente a quanto si potrebbe credere, i racconti di Orbuania non assomigliavano affatto a un romanzo di fantascienza. L'imperatore mi informò piuttosto dettagliatamente, nel corso degli anni, sulla circolazione delle auto, sulle tasse, sull'educazione eccetera. E mi teneva informato sulle interminabili guerre e conflitti che il suo impero intratteneva con le colonie, perché il signor imperatore non era propriamente di sinistra...

Marc era molto interessato a realizzare un documentario audiovisivo, a patto che fosse rispettata una condizione preliminare, ovvero che il film non fosse utilizzato come "materiale psichiatrico". Il documentario poteva essere mostrato a filosofi, ad antropologi o ad altri intellettuali, ma in nessun caso a dei tecnici che non vi avrebbero riconosciuto altro che sintomi, cioè che non vi avrebbero visto, per usare le parole di Marc, "niente".

Possiamo enunciare a questo punto i principi-guida su cui si è basato il lavoro con Marc. Innanzitutto si tratta di dire chiaramente che le persone che ci consultano vanno molto bene così come sono. Non sono persone con dei "difetti di fabbricazione": sono come sono e, insieme, cerchiamo di vedere come possono scoprire le loro potenzialità, come possono essere "non solo imperatori", ma anche qualcos'altro, come per esempio, nel caso di Marc, dei matematici o, come nel caso di Julien di cui parleremo più avanti (nel capitolo 8), musicisti.

In secondo luogo, il nostro lavoro può essere svolto molto bene mettendo tra parentesi una parte della realtà, al fine di costruire con i nostri pazienti quel terreno comune a partire da cui è possibile cominciare a comporre, a costruire e a camminare. Una *clinica della situazione* è quindi un lavoro di liberazione della potenza, di quelle potenze che Spinoza chiama *passioni gioiose*. Si tratta di evitare il cammino della tristezza, quello di un sapere normalizzatore che imprigiona l'altro nella sua etichetta. A partire da quel terreno comune, possiamo poi avviare un lavoro globale di scoperta e di sviluppo di possibilità, di potenze.

Richiamandoci a Blaise Pascal, il filosofo tanto apprezzato a Orbuania, possiamo dire che, nella *terapia di situazione*, "noi siamo in barca". Sviluppare dei possibili non è nient'altro che il progetto dell'etica spinoziana, poiché (contrariamente a una clinica del sintomo, che sa al posto dell'altro) muoviamo proprio dal principio centrale dell'*Etica*: "Non si sa mai ciò che può un corpo". Come abbiamo cercato di chiarire, questo non-sapere non rappresenta affatto un'ignoranza, ma favorisce al contrario il dispiegamento di tutti i saperi e di tutti i desideri, perché non condanna l'altro al suo sintomo-etichetta.

Oggi Marc è sempre imperatore ma, come nella barzelletta dell'uomo che fa la pipì nel letto, la cosa non lo disturba più... Perché, in quanto ricercatore e intellettuale, in quanto uomo, non è solo l'imperatore di Orbuania... E chissà, forse un giorno, in una limpida e fresca notte primaverile, disteso sul mio letto, farò finalmente un viaggio a Orbuania, nel pianeta in cui non ho un semplice amico, ma conosco qualcuno che è davvero molto influente...

7. La questione del limite

Nei capitoli precedenti abbiamo analizzato alcune delle tendenze di fondo che determinano il disagio sociale nella nostra società e che costituiscono altrettante sfide al nostro lavoro di terapeuti posti a confronto con la sofferenza psichica: crisi dell'autorità legata alle minacce del futuro, pressione crescente dell'utilitarismo legata all'invasione dell'ideologia neoliberista in tutte le sfere della vita, formattazione degli individui mediante la classificazione dei sintomi e il ricorso alle "etichette" che tendono a spianare le loro molteplicità. In ognuno di questi casi, abbiamo cercato di abbozzare le risposte terapeutiche che, come clinici, possiamo dare a queste tendenze che pesano sul quotidiano di coloro che vengono a "consultarci".

Ma se vogliamo costruire una clinica in grado di aiutarli davvero senza tradirli, senza "normalizzarli", dobbiamo compiere uno sforzo ulteriore e affrontare un'altra questione fondamentale: quella dei limiti imposti dalla società all'individuo, limiti che risultano particolarmente incerti in un'epoca come la nostra, in cui tutti i punti di riferimento vengono messi in discussione. A questo scopo, un'incursione nel territorio dell'antropologia ci sembra indispensabile; faremo riferimento, con qualche leggera modifica, alle categorie definite dall'etnologa Françoise Héritier, che spiega come ogni cultura distingua il *possibile*

– ciò che le persone possono fare in pubblico e in privato – e il *pensabile* – ciò che sembra loro corretto o lecito.[1]

L'evoluzione del campo del pensabile

Il *pensabile* non indica ciò che ciascuno può pensare, nel senso di immaginare, né un'attività di riflessione o di elaborazione concettuale, ma è l'insieme degli atti che ogni membro di una cultura, di una società o di una religione accetta in quanto rispettosi dei suoi fondamenti, come conformi o adatti alla vita.

Il *possibile* è un insieme molto più vasto: è per esempio possibile distruggere le case degli altri, violentare le donne che ci attraggono, derubare e martirizzare i più deboli, praticare l'incesto eccetera. In circostanze normali, questi atti sono certamente possibili, ma non sono pensabili. Il limite tra *possibile* e *pensabile* è fissato dai divieti, dalla sacralizzazione: si *può* infrangerli, ma ciò comporta la fine della società e della vita stessa; o comunque significa mettere in discussione in maniera radicale i fondamenti della nostra cultura. Il campo del *pensabile* indica quindi il complesso dei divieti in base a cui può fondarsi ed esistere qualsiasi società umana: è un sottoinsieme, una restrizione del campo del *possibile*.

Le frontiere tra il possibile e ciò che lo limita (il *pensabile*) si spostano in funzione delle situazioni e dei periodi storici. Tali evoluzioni possono far progredire o regredire una società. Così in una situazione di guerra è al contempo possibile *e* pensabile eliminare il nemico in vari modi, anche quando non rappresenta una minaccia (mediante i bombardamenti sui civili per esempio). Basta un po' di buon senso per convenire che la guerra è di per sé un crimine. Ma, anche in questa situazione, continuano a sussistere in generale delle regole che segnano i limiti in base ai quali dei

---

[1] Françoise Héritier, *Masculin/Féminin*, vol. 2: *Dissoudre la hiérarchie*, cit.

possibili non sono pensabili e che stabiliscono dei divieti da rispettare, come dimostra il concetto di "crimine di guerra".

Tutto questo viene illustrato chiaramente dal film *Apocalypse now* dove, nel bel mezzo della follia omicida della guerra del Vietnam, un ufficiale americano si trova a dover fermare un suo collega che si è spinto troppo in là nella barbarie. In una guerra che ha superato tutti i limiti, quell'ufficiale viene richiamato all'ordine: malgrado le apparenze, alcuni non ammazzano "come si deve". Si tratta di un fenomeno ontologico complesso e fondamentale: contrariamente a quel che si può credere, in certe situazioni limite il dettato della legge e del divieto persiste, anche se non può cambiare la realtà immediata. L'evocazione della legge non è quindi inutile, perché consente l'emergere di una situazione "normalizzata".

Esistono anche evoluzioni meno tragiche: l'aborto, per esempio, è sempre stato possibile, anche se gli occidentali lo consideravano un delitto, un "possibile non pensabile". La lotta delle femministe in favore dell'aborto è riuscita a includerlo nell'ambito del pensabile, rendendolo un "possibile pensabile". Pur ampliandosi, il campo del pensabile rimane comunque una restrizione e un sottoinsieme dell'ambito del possibile.

Il ruolo del sacro e il principio di realtà

La determinazione del pensabile e del non-pensabile è quindi strettamente legata ai *divieti fondanti* di ogni società. Generalmente si ritiene che tutte le società umane siano accomunate dal rispetto di un duplice divieto fondamentale: quello dell'incesto e dell'antropofagia.

È vero che, nel corso della storia e in culture diverse, queste pratiche universalmente non pensabili sono state spesso trasgredite. Di fatto, sono esistiti casi di relazioni o di matrimoni incestuosi, che venivano però sovraritualizzati; in tal modo si imponeva una simbolizzazione che, paradossalmente, contribuiva a confermare il divieto come tale. Analogamente, prima di ingerire carne umana, una serie di rituali doveva garantire il fatto che il corpo umano fosse *animalizzato*, affinché perdesse il suo carattere umano, il carattere del simile. Da quel momento, l'ingestione non era più (simbolicamente) un atto di antropofagia. Questo tipo di pratiche mantiene le leggi fondanti deviando la trasgressione, poiché nessuna cultura può permettersi di abolirle. Una società che rende *pensabili* tutti i *possibili* è condannata a scomparire. E una società che estende costantemente, alla cieca, il campo del *possibile* affonda inevitabilmente in un mondo in cui più niente è reale, un mondo del virtuale assoluto, ovvero dell'impotenza totale. (Ricordiamo per inciso che, a livello dell'individuo, il *posso tutto* è uno dei nomi della psicosi.)

I limiti che ogni società si impone, sotto la forma di tabù o mediante il ricorso al sacro, non sono arbitrari, anche se spesso sono vissuti come tali dall'uomo dell'età postmoderna, ovvero dall'individuo consumatore convinto che quando vuole qualcosa non occorra far altro che "procurarsi i mezzi" per ottenerla. Il *sacro*, che fonda la società dall'esterno e al di là del libero arbitrio individuale, appare quindi all'individuo di oggi come una terra oscura da conquistare. Ma in realtà, l'equilibrio di una cultura dipende dalla capacità degli uomini di accettare l'esistenza di un *non-sapere* che non va confuso con l'ignoranza, è anzi all'origine stessa di ogni produzione di saperi, come l'inesprimibile è all'origine dell'espressione artistica. A questo si riferisce Ludwig Wittgenstein nel suo *Tractatus*,[2] quando spiega che ciò che si esprime *attraverso* il linguaggio non può esprimersi *nel* linguaggio.

L'esperienza della non-onnipotenza costituisce per ciascuno di noi (e in particolare per i bambini e gli adolescenti) un'esperienza di limitazione *positiva* e fondamentale: lo sviluppo dell'essere umano non deve essere pensato come un'abolizione dei limiti naturali o culturali, ma, al

---

[2] Ludwig Wittgenstein, *Tractatus logico-philosophicus*, tr. it. di G.A. Conte, Einaudi, Torino 1964.

contrario, come una lunga e profonda ricerca di ciò che tali limiti rendono possibile. Ma, come abbiamo visto nel primo capitolo, anche se il mito del progresso è crollato e il futuro è diventato imprevedibile, l'ideologia scientista è sempre presente nella nostra società: in un certo senso si è resa autonoma, proclamando come un'evidenza incontrovertibile che "tutto è possibile" o che dovrebbe esserlo. Di conseguenza, ogni tentativo di limitazione e orientamento vengono tacciati di puro oscurantismo, perché non si capisce in nome di quale principio si dovrebbe sospendere un lavoro di ricerca o vietare una tecnica capace di ampliare l'ambito del *possibile*.

Come ignorare, nella nostra veste di clinici, gli effetti dei messaggi ideologici che parlano ai giovani dell'abolizione di tutti i limiti e di tutti i divieti? Questi messaggi scientisti sono molto più attivi di quanto possiamo pensare. La clonazione, la scelta del sesso del bambino e i mille proclami della tecnica che preconizzano un mondo senza frontiere e senza divieti alimentano un immaginario che i giovani oggi non considerano più una promessa, ma un diritto. In un simile contesto le pratiche pedagogiche e terapeutiche sono chiaramente controcorrente, proprio perché cercano di stabilire dei divieti e di risvegliare i giovani dal sogno di onnipotenza.

Feed-back e zapping

Qualche volta veniamo consultati da genitori e da educatori preoccupati per la possibile influenza dei videogiochi (che spesso hanno alla base la distruzione, la morte e un certo sadismo) sullo sviluppo della violenza giovanile. Gli adulti temono infatti che il continuo uso dei videogiochi possa portare a confondere il virtuale con il reale e a trasferire nella realtà la violenza che contengono.

Noi pensiamo che il problema sia molto più complesso, e che l'ipotetico passaggio dal virtuale al reale non possa spiegare da solo l'*escalation* della violenza. Intervengono molti altri elementi. In compenso, la continua frequentazione dei videogiochi può avere altri effetti, molto reali e problematici. Tutti questi giochi si fondano sulla ripetizione costante di una struttura semplice, a livelli sempre più rapidi e complessi; basandosi essenzialmente sulla prontezza dei riflessi, introducono il giocatore in uno *stato di coscienza alterato*, che spiega la sensazione descritta spesso dai giocatori di essere "stati assenti" per ore, ovvero per tutta la durata del gioco. Questi stati alterati di coscienza si mantengono grazie al meccanismo del *feed-back*, in virtù del quale l'attenzione, per non perdere il filo della partita, viene costantemente sollecitata.

In questo modo i giocatori si abituano a un livello di tensione nervosa più elevato del normale. Ciò significa che gli adepti di questi giochi avranno la tendenza ad annoiarsi di fronte a qualunque situazione che non esiga una soglia elevata di attenzione-eccitazione nervosa (il sintomo tipico dello zapping: è necessario che accada costantemente qualcosa). Diventa quindi difficile per loro seguire una trama, interessarsi a una storia se l'attenzione richiesta non raggiunge la soglia di eccitazione delle sinapsi da cui sono ormai *dipendenti*. I giocatori assidui possono così sviluppare comportamenti di adesione e di dipendenza, con le conseguenze inquietanti che ne possono derivare.

Gli insegnanti tentano spesso di competere con questo tipo di funzionamento, ma dall'interno: cercano di fare delle "lezioni zapping" e di insegnare mantenendo la soglia di eccitazione neuronale alla quale gli allievi sono abituati. Ma è un tentativo destinato a fallire. Da una parte, perché è impossibile insegnare davvero imponendosi di mantenere l'attenzione di un pubblico composto di allievi *consumatori* di eccitazione neuronale e sempre più esigenti. Dall'altra parte, perché il meccanismo di *feed-back*, che implica la riduzione della reazione cognitiva al puro riflesso, non può mai essere alla base di un processo educativo, che deve mirare a sviluppare una vera capacità di vivere, con diversi ritmi e diverse intensità.

È pensabile ciò che è al servizio dell'economia e dell'individuo?

Per Socrate, educare significa cominciare innanzitutto a "conoscere se stessi". Il maestro greco non si riferisce però a un'individualità chiusa ed egoista, ma allude al contrario a quella *cura di sé* che si pratica in un lento e progressivo cammino di ascesi e addita un percorso complesso verso l'universale esistente in ogni singolo uomo. Per gli educatori, l'educazione comincia con il riconoscimento dei limiti, di ciò che è possibile e di ciò che è realizzabile. Per i terapeuti, la clinica comincia con la ricostruzione dei limiti che, per varie ragioni, sembrano mancare nello sviluppo di una persona.

Si direbbe però che, per la nostra società, queste considerazioni non abbiano più valore. Tutti ormai conosciamo gli argomenti di chi si oppone alla limitazione, in nome della vita, di certe tecniche biologiche. Molti negano il valore intrinseco della cultura. Molti, in nome dell'utilità e dell'efficienza, considerano ridicola l'idea di un'educazione generalista. Una certa (post)modernità è convinta, insomma, che il nostro mondo non abbia motivo di perdere tempo con queste sfere *sacre* (la vita, la cultura, la scuola), che coltivarle sia indice di ignoranza e di passatismo. In realtà, dietro a tutti questi discorsi si cela un'unica verità: nella nostra società, la sola cosa sacra è la merce. E niente e nessuno, meno che mai l'educazione, deve frenare lo sviluppo economico.

La propaganda del sistema bombarda quotidianamente i giovani con questi principi dell'ideologia neoliberista. La scuola e la terapia vengono percepite come luoghi più o meno simpatici, dove i giovani ascoltano in continuazione discorsi che non corrispondono alla realtà che vivono. Tranne quando l'insegnante, senza rendersene conto, comincia a parlare dell'*insegnamento utile*, quello che "arma" il giovane di fronte al futuro; o quando lo psicologo propone una terapia mirata a una migliore performance.

In questo caso i giovani valutano come consumatori la merce che l'adulto-venditore propone loro, e ci sono forti probabilità che non l'acquistino.

Dopo tutto, l'imprenditore che è riuscito a rubare tutti quei milioni non è forse libero o, meglio ancora, non viene mostrato oggi alla televisione come un modello da seguire? E quel tal uomo politico non approfitta forse del suo incarico per sfuggire al giudizio per i reati commessi? E alcuni laboratori medici non decidono di limitare la produzione di medicinali generici, privilegiando il profitto economico a scapito degli interessi umani? La lista è talmente lunga... In fin dei conti il negoziante dell'angolo rappresenta il successo, nei termini in cui la televisione lo propone ai giovani, molto più del professore con la sua modesta utilitaria...

In questo mondo dove "tutto è possibile", non si tratta di evitare la trasgressione, anzi, la trasgressione è la regola. Si deve semplicemente evitare di farsi prendere: il corrotto impunito è il nuovo eroe di questi tempi senza fede né legge. Da questo punto di vista, il giovane che non accetta i limiti, che pensa che tutto sia possibile e che sia soltanto una questione di mezzi è davvero in sintonia con la società, molto più di noi adulti, educatori o terapeuti. Ecco perché non possiamo pretendere di occuparci di questi giovani senza definire innanzitutto con chiarezza la nostra posizione nei confronti delle tendenze più significative della società.

L'impotenza delle idee

Come terapeuti, possiamo scegliere tra due opzioni. La prima è quella di lavorare nella direzione del legame sociale, del legame famigliare e del legame come forma di vita, nella convinzione che la terapia miri alla formazione e alla rifondazione dei legami. La seconda è quella di accettare invece come orizzonte inevitabile il regno del "tutto è possibile" – e le conseguenze di morte che ne derivano.

Optare per questa seconda soluzione significa educare in vista di una lotta senza quartiere all'insegna del "tutti contro tutti", curare per preparare il paziente a gettarsi senza sensi di colpa in un feroce combattimento tra lupi...

Ma, nel primo caso, come contrastare il mito secondo cui il fondamento della nostra società sarebbe quella particella che possiamo definire *individuo-contratto* (gli individui *si pensano* stabilendo contratti tra di loro e con l'ambiente che li circonda), e secondo cui non esisterebbe nessuna appartenenza ontologica e fondamentale? L'arma della ragione appare insufficiente. Se per esempio spieghiamo a un giovane che è meglio studiare e andare a scuola piuttosto che passare il tempo a fumare spinelli, a livello razionale probabilmente capirà, ma questo non opererà in lui nessun cambiamento. Proprio qui sta il problema: un'educazione – o una terapia – che opponga alle esperienze concrete delle idee costruite in modo razionale non è in grado di modificare il comportamento di una persona. Un atteggiamento teorico e troppo astratto ci condanna a una totale impotenza. Questo è uno dei limiti dell'educazione ma anche, come abbiamo già sottolineato, della prevenzione in generale.

Una *clinica del legame* – di cui analizzeremo le finalità nel capitolo seguente – e un'educazione del legame non devono quindi opporre idee al vissuto. Al contrario, le idee, intese come ipotesi teoriche e pratiche, devono accompagnare gradualmente le esperienze alternative e permettere che il comportamento si modifichi. Non in nome di una prescrizione disciplinare, ma in virtù dello sviluppo di pratiche più desiderabili, potenti e ricche. Perché il legame appaia ai giovani più desiderabile della lotta per il dominio, dobbiamo impegnarci fino in fondo a pensare, guarire ed educare. Ma, innanzitutto, il nostro impegno sarà volto a trasformare noi stessi.

8. Verso una clinica del legame

"Lavorare per l'autonomia delle persone": questo potrebbe essere il motto dell'attuale ideologia dominante nell'ambito del lavoro terapeutico e medico-sociale. Cercare di "aiutare le persone a diventare autonome": nessuno vi trova niente da ridire, anzi. In una società in cui i legami sono vissuti come costrizioni o come contratti, l'essere autonomi è percepito come una qualità sociale altamente desiderabile.

Questa idea dell'autonomia, che a tutta prima appare indiscutibile, pone tuttavia qualche problema. In primo luogo, ci obbliga a una riflessione sul tema del legame (legame sociale, legame familiare), che costituisce una tappa necessaria per la formulazione dell'approccio terapeutico alternativo che chiamiamo *clinica del legame*. Non è inutile, a questo scopo, un breve richiamo ad Aristotele. Aristotele infatti, contraddicendo il senso comune, spiega che lo schiavo è colui che non ha *legami*, che non ha un suo posto, che si può *utilizzare* dappertutto e in diversi modi. L'uomo libero invece è colui che ha molti legami e molti obblighi verso gli altri, verso la città e verso il luogo in cui vive.

Siate autonomi!

Paradossalmente, quindi, la nostra società è riuscita a foggiare un ideale di libertà che assomiglia, come una goccia d'acqua, alla vita dello schiavo così come la definisce Aristotele. San Paolo si riferisce alla libertà dicendo: sono incatenato alla mia libertà. Per questi saggi la libertà non si costruisce attraverso una specie di autonomia o di isolamento individuale, ma attraverso lo sviluppo di legami: sono questi che ci rendono liberi.

Come interpretare, tenendo conto di questa definizione, l'obiettivo dell'autonomia che è oggi assegnato a ciascuno di noi e che noi psicoterapeuti siamo invitati a porre ai nostri pazienti? Spesso le équipes psichiatriche si prefiggono lo scopo di aiutare i pazienti a raggiungere un certo *grado di autonomia*. È il progetto terapeutico che viene concepito per le persone e le famiglie che si trovano appunto in uno stato di fragilità, che le condanna alla dipendenza e a un bisogno permanente di sostegno. Per esempio una persona che percepisce il salario minimo garantito e che, inoltre, ha problemi psicologici importanti, incontrerà sicuramente sul suo cammino dei professionisti che cercheranno di aiutarla a diventare autonoma. Se per esempio la signora Ibrir chiede di essere accompagnata quando deve sbrigare le sue pratiche amministrative, ci sarà sempre nell'équipe medico-sociale un arguto psicologo che farà notare il suo livello di dipendenza; e che proporrà allora un percorso terapeutico per arrivare al momento tanto agognato in cui la signora Ibrir potrà cavarsela da sola.

Ma nessun operatore sociale andrà dall'erede di una grande fortuna che ha dei problemi psicologici, a dirgli: "Sia autonomo!".

Se Monsieur Dupont va regolarmente ai suoi appuntamenti accompagnato dall'autista e con l'assistenza della segretaria, è difficile che lo si immagini come un banchiere ansioso: quale astuto psicologo vi riconoscerebbe il segno di un'assenza di autonomia o una forma negativa di dipendenza? Forse, con l'aiuto dell'assistenza sociale, Monsieur Dupont potrebbe prendere lezioni di guida e, seguendo coraggiosamente un apposito corso, potrebbe giungere un giorno a maneggiare una penna tutto da solo facendo a meno della segretaria. Ma forse l'autonomia non è sempre quel che si pensa...

Si direbbe infatti che, nella nostra società, essere autonomi significhi semplicemente *essere forti*. Potremmo dire: "Evitate di essere deboli, soprattutto se i vostri mezzi e la vostra famiglia non ve lo consentono". Noi psicoterapeuti siamo tenuti a porci questo obiettivo: rendere le persone deboli che ci consultano "meno deboli", anche sapendo che è assolutamente impossibile. Così facendo, infatti, le mettiamo ancora più in difficoltà, perché rimandiamo loro un'immagine svalutante di sé, in quanto non riescono a fare ciò che dovrebbero, ovvero essere autonome e forti.

Il grado di forza o di debolezza è il solo criterio adottato per pensare le nostre vite e concepire le nostre esistenze. La forza rappresenta una tale ossessione che la nostra società ha prodotto una concezione della libertà fondata sul dominio: *libero è colui che domina.* Domina cosa esattamente? Il suo tempo, il suo ambiente, le sue relazioni, il suo corpo, gli altri. In questo consiste l'attuale ideale di autonomia, che non ha niente a che vedere con quello di un Robinson Crusoe, capace di riprodurre un'intera cultura per se stesso e che non ha bisogno di aiuto o di interdipendenza. I nostri contemporanei sognano un'autonomia-dominio, aspirano a conquistare un potere sugli altri e sull'ambiente che consenta loro di perseguire i propri scopi e soddisfare le proprie voglie, senza ostacoli e senza l'opposizione di chicchessia.

Con la crescente egemonia di questa visione del mondo, non può sorprendere che si stiano sviluppando una teoria e una pratica psicoterapeutiche del controllo e della padronanza, che, in gergo, chiamiamo "psicologia di un io forte". Alcuni interventi terapeutici si propongono come finalità questa *autonomia-potere* e cercano di aiutare il paziente a dominare al meglio il suo ambiente, la sua psiche e i suoi sintomi. In questa logica, non interessa affatto cercare di comprendere il messaggio o la difficoltà esistenziale che si nascondono dietro al sintomo o in un comportamento, perché quel che conta è diventare un lupo performante, dominare tutto, comprese le proprie pulsioni, non nel senso proposto dagli ideali di saggezza di molte filosofie, ma per canalizzarle ai fini di una vita produttiva e utilitarista.

Il destino e la fragilità

La nostra società avalla l'idea che tutto sia possibile e che la libertà sia strettamente legata al dominio: dobbiamo fare di tutto per *vincere il destino*. L'alternativa filosofica a questa tendenza dominante ritiene che la libertà consista nell'*assumere il proprio destino*. Questa formulazione farà sicuramente rizzare i capelli a molti nostri contemporanei, convinti che il destino sia l'esatto opposto della libertà.

Da un punto di vista filosofico, il *destino* non coincide assolutamente con la *fatalità*; anzi, in una certa misura è proprio ciò che vi si oppone. La fatalità è ciò che incontriamo ogni volta che vogliamo sfuggire al destino (il mito di Edipo ce lo ricorda: Edipo decide, come farebbe un giovane contemporaneo, di sfuggire al suo destino tragico – uccidere il padre e unirsi alla madre –; ma il destino lo "riacciuffa", presentandosi sul suo cammino come una fatalità). Dunque è inutile cercare di vincere il destino. Come dicevano gli antichi stoici: *augent volentem fata, nolentem trahunt* (il destino conduce chi acconsente e trascina chi si oppone). Il mito della società dell'individuo, invece, ci fa credere che tutto quello che ci accade potrebbe essere diverso e che ognuno di noi potrebbe essere un altro. Non stupisce dunque che, credendosi liberi da ogni legame, gli individui provino un profondo senso di arbitrarietà e di ingiustizia.

Il destino è al contrario il fatto di essere nel mondo, senza che alcuna distanza ci separi da esso. Noi siamo ciò che è dato, ciò che viene tessuto da una certa epoca e per una certa epoca. Non "possediamo" un destino ma, al tempo stesso, non siamo niente di più, perché ogni tentativo di sfuggirvi ci condanna al nulla, alla fatalità. In breve, noi siamo questo destino. In questo senso Sartre affermava in modo provocatorio: in una guerra, non ci sono vittime innocenti. No, i bambini, i civili e le vittime in generale non sono "colpevoli", ma noi siamo esattamente ciò che siamo in e per una situazione: siamo responsabili di ciò che non abbiamo scelto.

Non è vero quindi che un essere umano possa esistere come assoluto, e che quindi avrebbe potuto essere lo stesso vivendo altre cose in un altro corpo, con un altro sesso, in un'epoca diversa, e sul quale si eserciterebbe un puro arbitrio. Eppure è proprio quello che sottintende la psicoterapia dell'io, per la quale l'obiettivo della cura è quello di aiutare il paziente a "liberarsi" il più possibile del proprio destino. Paradossalmente, l'unica soluzione sarebbe quella di disfarsi della propria vita e dirigersi ogni volta di più verso una presunta capacità di dominio. Cosa che non può che farci sprofondare nella fatalità, perché negare ciò che siamo non ci rende *altri*, ci rende soltanto più impotenti.

Il destino è quell'insieme complesso di condizioni, di storie e di desideri che si incrociano e si intrecciano determinando una singolarità, una persona. È costituito dai legami che creiamo e sviluppiamo liberamente. Per questa ragione la libertà non consiste nella scelta tra il dominio (di sé, degli altri e del destino) mediante la forza e la sottomissione, la debolezza. La libertà, conciliata con il destino, ci installa in una dimensione di fragilità. Questa fragilità non è né una forza né una debolezza, ma rappresenta una molteplicità complessa e contraddittoria da assumere nel suo insieme. Entrare nella fragilità significa vivere in un rapporto di interdipendenza, in una rete di legami con altri. Legami che non devono essere visti come fallimenti o successi, ma come possibilità di una vita condivisa.

D'altra parte, nella fragilità l'incertezza rispetto all'*io* persiste, perché l'io non è né un'etichetta, né un ruolo definitivo; al contrario, rimane sempre una possibilità, una potenza da ricercare, una singolarità che si costruisce. I legami non sono i limiti dell'*io*, ma ciò che conferisce potenza alla mia libertà e al mio essere. La mia libertà dunque non è ciò che finisce laddove comincia quella dell'altro, ma anzi comincia dalla liberazione dell'altro, attraverso l'altro. In questo senso si potrebbe dire che la libertà individuale non esiste: esistono soltanto atti di liberazione che ci connettono agli altri. È questa la dimensione, o meglio sono queste le dimensioni della fragilità. Una prospettiva filosofica di questo tipo può costituire la base di una psicoterapia ed è in grado, a nostro parere, di far fronte alle sfide della nostra epoca.

L'obiettivo dell'intervento psicoterapeutico è quello di aiutare l'altro, gli altri, ad assumere meglio le proprie possibilità e la propria libertà. Ma questa libertà non deve essere né immaginaria, né astratta, né frutto di ignoranza come quella criticata da Spinoza nella sua *Etica* (dove afferma che gli uomini si credono liberi per la semplice ragione che sono coscienti delle loro azioni, ma ignorano le cause che le determinano). Il che non significa che si debba cercare di eliminare o dominare tali cause, ma che occorre conoscerle per assumerle in una condivisione costruttiva con altri. Questo è uno dei principi fondamentali di quella *clinica del legame* che stiamo cercando di sviluppare.

L'individuo e la persona

Questa clinica della fragilità si rivolge quindi all'esperienza di vita, e non alle idee. Poiché è il vissuto a rivelarci che non siamo individui isolati e che la nostra libertà non dipende dal dominio del mondo che ci circonda e delle nostre passioni. La fragilità ci dice che possiamo assumerci come molteplicità, come singolarità costituite attraverso la molteplicità e per la molteplicità. Infatti, lo ripetiamo, non siamo esterni alle situazioni che viviamo e la nostra intimità più profonda si costruisce attraverso di esse. Siamo, profondamente, le situazioni nelle quali viviamo.

La nostra proposta di *clinica del legame*, o *clinica della si-*

tuazione, si sviluppa a partire da ciò che si presenta a noi sotto forma di malessere e di sofferenza. Questo tipo di terapia non considera mai un essere isolato, ma implica la comprensione delle situazioni vissute dal "paziente", sempre tenendo conto della differenza tra l'*individuo* e la *persona*.

L'*individuo*, come abbiamo visto, è il prodotto di quell'ordine sociale che pensa che l'umanità sia composta da una serie di esseri separati gli uni dagli altri, che stabiliscono contratti con il loro ambiente e con gli altri. L'individuo sarebbe libero in quanto *acconsente* alle relazioni che stabilisce con gli altri. Ma questa in realtà è una pura illusione, l'illusione del libero arbitrio. Come psicanalisti, sappiamo bene che il consenso non è affatto garanzia di libertà. Anzi, i rapporti di sottomissione e di oppressione si fondano inevitabilmente sul consenso. Da un punto di vista psicanalitico, la "servitù volontaria" che analizzava La Boétie[1] non ha niente di "volontario" (anche se condividiamo le conclusioni di quel libro geniale, pubblicato oltre trecento anni prima di Freud): si tratta, di fatto, di una sottomissione "non volontaria", nel senso che non è la volontà l'istanza sui cui si fonda il consenso dell'oppresso alla propria oppressione. La volontà funziona infatti a livello cosciente, mentre il consenso è sostanzialmente inconscio. Dunque il fatto che un individuo si creda "libero" perché stabilisce rapporti consenzienti con l'altro non ci dice nulla della sua effettiva libertà (i rapporti patologici più dolorosi possono essere consenzienti).

La persona è l'alternativa all'individuo. Etimologicamente, "persona" viene dal latino *persona*, che significa maschera. Una maschera che non nasconde un vero volto, ma una molteplicità di volti. La persona indica ognuno di noi come essere multiplo, intessuto di molteplicità e che accetta il fatto di non conoscere i propri limiti e la propria molteplicità. Le persone, al contrario degli individui-contratti, hanno un rapporto di apertura con il mondo. Il

---

[1] Étienne de la Boétie, *Discours de la servitude volontaire*, 1576 (tr. it. *Discorso sulla servitù volontaria*, a cura di P. Fanfani, Sellerio, Palermo 1994).

compito del clinico è quindi quello di cogliere in che modo l'*individuo* stabilisce rapporti nevrotici fondati sul senso di colpa, sulla sofferenza e sul malessere, e attraverso quali pratiche terapeutiche può aiutare la *persona* a creare e abitare rapporti di responsabilità.

Durante la seduta, attraverso l'espressione del proprio malessere il paziente chiede allo psicanalista di liberarlo da ciò che lo fa soffrire. Si può dire che questo sia l'a-b-c di ogni relazione clinica. Ma il malessere psicologico contemporaneo è di tipo un po' particolare: ciò che fa soffrire e che viene presentato come qualcosa di esterno, è il proprio sé. Il paziente considera aspetti diversi della propria realtà – il sesso, la famiglia, la produzione fantasmatica – come qualcosa che si sarebbe incollato su una superficie liscia, che è poi lui stesso.

Un paziente può in effetti soffrire di "essere ciò che è" ma, secondo l'idea deterministica dell'individuo, tutto ciò che gli accade è esterno, accidentale e il clinico dovrebbe consentirgli di sbarazzarsi degli elementi che lo disturbano. Nei bambini e nei giovani, capita spesso che questi elementi di disturbo non siano nemmeno stati identificati come tali dal bambino, ma dai genitori, dai professori o dai vicini. Gli adulti pensano che il bambino reale, nel confronto con un bambino ideale (che non esiste), sarebbe *perfetto* se non avesse questo o quel comportamento. È come se dicessero: "Il nostro bambino non è come vorremmo che fosse. Potremmo amarlo se non fosse lui". La richiesta rivolta allo specialista è allora quella di far uscire dal bambino reale – quel sacco di problemi – il vero bambino che, in questo caso, sarebbe un puro modello immaginario.

È evidente che non intendiamo affatto negare la sofferenza del bambino, anzi. Ma nel lavoro sulla domanda di aiuto bisogna essere attenti a distinguere la sofferenza causata dal fatto di non corrispondere alla fantasia degli adulti da quella proveniente da una coazione o da una patologia di diverso tipo. Allora, se rifiutiamo i criteri utilitaristici (del tipo "la persona che soffre è quella che non è utile e non rientra nella norma"), se non vogliamo lavorare per curare la società normalizzando i membri che la destabilizzano, ma decidiamo invece di lavorare innanzitutto per e con il paziente, il nostro compito diventa davvero complicato. Il fatto che un ragazzo lavori male a scuola, che gli adulti lo cataloghino come un caso di insuccesso scolastico o dicano direttamente "Pierre è un insuccesso" (intendendo con ciò che è un fallimento rispetto agli ideali sociali e famigliari), non significa necessariamente che Pierre stia male o che debba sottoporsi a una psicoterapia. Significa però sicuramente che Pierre rischia di procurare sofferenza a se stesso e alle persone che gli sono vicine.

Curare la società o curare la persona?

La trappola è sottile, perché la nostra vocazione è sicuramente quella di lavorare per aiutare, se non per curare, ogni singolo paziente; ma al tempo stesso rischiamo di lavorare anche, quasi a nostra stessa insaputa, per curare la società dal disturbo procurato dai suoi membri non conformi agli ideali di funzionamento sociale (il libro di Thomas Szasz sul mito della follia[2] è illuminante in proposito). Di primo acchito, i due interventi possono sembrare identici. Nei fatti, la loro possibile collusione pone dei problemi.

Se decidessimo di lavorare meccanicamente in funzione della domanda sociale, questo problema sarebbe in buona parte risolto: basterebbe trovare delle strategie, dei metodi o dei medicinali affinché i giovani possano "aderire" meglio agli ideali sociali, imitarli e assumere i propri ruoli, identificandosi con essi. L'obiettivo sarebbe anche di far sì che nulla li rimandi a un'esperienza della molteplicità che possa indurli a non rispettare i ruoli che sono stati loro attribuiti.

---

[2] Thomas Szasz, *Il mito della malattia mentale*, tr. it. di F. Saba Sardi, Il Saggiatore, Milano 1980[3].

L'infatuazione per il Ritalin, un farmaco che è stato definito "pillola dell'ubbidienza" (come il Valium è stato un tempo "la pillola della felicità"), illustra bene il problema della finalità della cura. È molto probabile che questo prodotto amfetaminico sia utile per alcuni bambini che soffrono di una disfunzione cerebrale che provoca un'attività incessante e un'incapacità di fissare l'attenzione. In alcuni casi, ben definiti e poco numerosi, questo prodotto può aiutare il bambino ad affrontare le proprie difficoltà. Purtroppo il Ritalin viene prescritto negli Stati Uniti a milioni di bambini che incontrano difficoltà di adattamento di tutt'altra origine. Questa prescrizione estensiva non tiene conto dei pericoli che comporta l'uso su così vasta scala di un prodotto che è comunque un'amfetamina. Soprattutto, però, questa estensione attesta bene la deriva verso "terapie" che lavorano in funzione della norma e degli ideali sociali, allo scopo di ottenere essenzialmente che il bambino si comporti secondo le aspettative di una società che nei fatti è stata incapace di educarlo e di accompagnare in modo soddisfacente il suo sviluppo.

Ma allo stesso tempo, e per questo abbiamo parlato di una sottile trappola, il fatto di non corrispondere agli ideali sociali può effettivamente provocare una sofferenza. Questa però non è una buona ragione per adottare risposte meccaniche (come la prescrizione di Ritalin a ogni bambino "turbolento"), che dovrebbero (ma è possibile?) eliminare la causa di tale sofferenza aiutando il bambino ad adattarsi alla norma.

Ricordiamo a questo proposito l'esempio di una donna che consultò uno di noi in seguito all'adozione di un bambino originario di un paese asiatico. Questa donna pensava di cambiare il nome d'origine del bambino per dargliene uno francese. Quando le è stato chiesto il motivo della sua decisione, a tutta prima si è mostrata sorpresa, perché le sembrava una scelta ovvia. Poi ha risposto che un bambino con un nome straniero può essere vittima del razzismo, anche a scuola. Questa donna piena di buona volontà aveva capito cos'è un comportamento "normale":

nella nostra società, è normale ciò che è trasparente, ciò che passa inosservato. Ed è vero che un bambino di origine straniera e con un nome straniero non passa inosservato e, purtroppo, può subire atti di razzismo.

Ma il problema è proprio questo: quella sofferenza in realtà è "normale", fa parte della realtà del bambino. E malgrado la sofferenza che senza dubbio potrà provare il bambino, il nostro lavoro di clinici non può consistere nel cancellare le differenze (e quindi giustificare tranquillamente il cambiamento di nome). Detto altrimenti, la sofferenza non è una ragione sufficiente perché il clinico si limiti a cercare di eliminare quella che apparentemente ne è la causa. Nel caso del bambino adottato, la causa è evidente: ma è il nome che farà soffrire il bambino, oppure il razzismo? Se pensiamo che sia il razzismo, non possiamo intervenire solo come clinici. Non possiamo pensare che la soluzione migliore sia quella di nascondere la realtà del bambino che si allontana dalla norma.

Esistono quindi sofferenze dovute all'intolleranza di una società, che possiamo qualificare come *esistenziali*. Di fronte a esse, il clinico non può limitarsi a essere un clinico. È anche un cittadino e non è costretto a "psichiatrizzare", a "rendere patologica" una sofferenza dovuta all'esistenza stessa, al mondo e alla società. (Lo abbiamo spiegato a proposito dei bambini che soffrono per il fatto di non essere performanti in una società utilitarista: questa richiesta, da un punto di vista clinico, non può ricevere risposta.)

Una clinica del legame e della situazione comincia proprio quando, come clinici, siamo capaci di adottare questa posizione. È la base della nostra etica, che consiste nel rifiutare gli ideali sociali e nell'accettare una certa forma di "non-sapere". Partiamo infatti da questa affermazione: "Io non so niente di ciò che è bene per questo bambino, ed è molto probabile che non lo sappia neanche lui". Su questa base possiamo proporci, se il bambino lo desidera, per lavorare e costruire insieme.

Questa pratica, d'altronde, viene adottata oggi in numerosi centri e servizi di psicoterapia. Ma spesso viene attaccata e minacciata dalla tendenza dominante: non ci viene chiesto di lavorare a partire da un "non-sapere", ma di agire come tecnici che conoscono i "trucchi" capaci di eliminare i sintomi. In breve, ci viene chiesto di cancellare quei sintomi che allontanano il giovane dall'immagine ideale imposta dalla società e dagli adulti. La tendenza attuale in ambito psicoterapeutico è rappresentata dal manuale tecnico a cui abbiamo già accennato (nel capitolo 5), il DSM, in cui le diverse patologie psichiatriche vengono classificate e descritte in termini di sintomi, intesi come tutto ciò che sfugge alla norma. Ma quale norma? Stranamente, nessuno si interroga sulla sua origine.

Secondo Hegel, quando eliminiamo la soggettività di un essere umano, è l'essere umano stesso che eliminiamo. La *clinica dei sintomi* va in questa direzione: il bambino, come l'adulto, viene identificato con un insieme di sintomi, non esiste che come individuo seriale da normalizzare e mettere in riga, senza relazioni e situazioni che gli appartengano in modo costitutivo. È chiaro che i problemi psichici non possono essere affrontati e trattati in un simile contesto di astrazione ideologica.

Un caso clinico molto concreto ci consentirà di illustrare questo punto. Riguarda lo scarto tra il senso di colpa nevrotico di un paziente e l'obiettivo del lavoro clinico, che mira a un'"assunzione" di responsabilità.

Da un po' di tempo, un giovane segue un percorso psicoterapeutico con uno di noi. È attore e, sul piano professionale, la vita gli sorride. Ma, al tempo stesso, una situazione familiare molto pesante gli impedisce di vivere questa situazione pienamente, almeno secondo il suo ideale. Ha un fratello etilista e i genitori soffrono di vari problemi psicologici; questa situazione gli amareggia la vita, suscitando in lui un forte senso di colpa. Forse, pensandosi come individuo, potrebbe disfarsi di questa realtà, che vivrebbe allora come qualcosa di esterno, ingiusto e arbitrario, di cui non si sentirebbe in nessun modo responsabile. Ma non ci riesce.

Da un punto di vista psicanalitico, una relazione basata sulla colpa è una situazione psicologica nella quale il paziente mantiene, a prezzo della sofferenza, un'illusione di onnipotenza. Infatti possiamo sentirci colpevoli solo di una situazione di cui ci riteniamo responsabili; e anche se può essere fastidioso e doloroso, ciò comporta un piacere, un *beneficio secondario* a cui il paziente non può rinunciare. Fin qui c'è consenso nel campo della psicoterapia. Il problema comincia quando l'azione terapeutica punta all'abbandono dell'onnipotenza, da cui scaturisce il senso di colpa, per consentire al paziente di rendersi conto che non è lui la causa di ciò che accade a suo fratello e ai suoi genitori, ma *anche* di riconoscere che non può farci molto.

Liberandosi dalla colpa, il nostro paziente non si trasformerà in un individuo isolato, che denigra la sua famiglia. Al contrario, riuscirà a capire che tutto ciò che nella sua visione nevrotica gli appariva arbitrario e ingiusto non è altro che la sua situazione – *in* e *per* la situazione. Non possiamo liberarci senza questo progetto personale di assunzione della nostra responsabilità situazionale, senza essere fedeli a ciò che, pur non avendolo scelto, ci costituisce. Una terapia situazionale è quindi quella che consente alla persona di assumere i propri legami, unico cammino possibile per un'autentica realizzazione personale.

Legami fondati su affinità elettive

Un altro caso esemplificativo della clinica del legame è quello di Julien, un bambino di sei anni che è in terapia con uno di noi al Centro (anche in questo caso l'uso della prima persona, Miguel Benasayag, è d'obbligo). Va da subito precisato che non intendiamo offrire nessuna "ricetta" terapeutica, ma soltanto illustrare con un esempio quale deve essere secondo noi l'atteggiamento del terapeuta che si riconosce nella clinica del legame.

Fin dalla prima infanzia di Julien, lui e sua madre passano da un medico all'altro, da uno specialista all'altro.

Una sola cosa è chiara: Julien non è "come dovrebbe essere". Psicosi infantile? Gravi problemi neurologici? Quando cominciamo a lavorare insieme lasciamo la questione in sospeso. Le diagnosi e le etichette hanno un'importanza molto relativa e spesso compromettono l'apertura mentale che è invece necessaria in questo genere di lavoro.

Tutto ciò che sappiamo, è che le cose non vanno bene per Julien. Tutti concordano su questo punto... tranne Julien. È un bambino molto dolce e socievole, troppo socievole secondo la norma psichiatrica, perché non fa distinzioni tra le persone conosciute e gli estranei. Così, Julien non solo accetta di venire alla seduta, ma manifesta anche un grande piacere di fronte a questa nuova relazione. Un po' alla volta, a partire da questo primo incontro, iniziamo a conoscerci. Lui non sa molto di me e io non so quasi nulla di lui, ma i momenti che trascorriamo insieme sono piacevoli. Infatti, io lo rendo partecipe delle cose che per me sono importanti, per esempio la musica; nelle sedute porto delle audiocassette, ascoltiamo brani di diverse origini e capisco subito che Julien ama profondamente la musica: la comprende, la sente e iniziamo così a incontrarci in questa dimensione musicale in cui lui non è un "paziente" e io non sono uno "psicanalista".

Non si tratta di "musicoterapia". Questa tecnica, che in alcuni casi non è priva di validità, ha però il problema di promuovere una visione *utilitaristica* dell'arte, che diventa un mezzo o uno strumento. Invece nei nostri "incontri musicali" con Julien, la musica è un fine in sé, che ci consente semplicemente di condividere una dimensione comune. Dopo tutto, la pratica ci insegna che le persone che incontrano serie difficoltà nel mondo dei *concetti* e del pensiero simbolico non hanno necessariamente gli stessi problemi in quello delle *percezioni* (proprie della scultura e della pittura), o nella dimensione degli *affetti* (propri della musica). Vi ritrovano anzi altri modi di pensiero e di relazione, creano *con* il mondo ed evitano in tal modo la "formattazione" attraverso concetti puramente simbolici. Il problema non è dunque capire come fare per "formattare" o "normalizzare" Julien, ma cercare in che modo possiamo comporre, e disporci insieme per riconoscere, la molteplicità che eccede l'etichetta.

Julien suona le percussioni e io il sassofono. E a mano a mano che Julien perfeziona la sua tecnica, al Centro ci chiedono di andare a suonare in cantina, perché facciamo troppo rumore... Senza averlo deciso prima, abbiamo quindi installato una batteria in una stanza che è ormai destinata alla musica. L'abbiamo creata senza pensarla in termini terapeutici (se intendiamo per "terapia" una serie di atti che consentono di "vincere" dei sintomi gravi e molteplici, che d'altronde Julien manifesta ancora). La scommessa è totalmente diversa: si tratta di scoprire che la vita non è da "guarire", ma da vivere, semplicemente... Attraverso la musica, Julien compone, costruisce e sviluppa una serie di legami e di relazioni che si fondano unicamente sulle *affinità elettive*.

Come abbiamo già sottolineato, tutto ciò non è né "arteterapia", né un'"attività musicale", nel senso di un'attività che consiste nel fare "come se...". Questa idea sembra infatti sottintendere che coloro che hanno problemi dovrebbero accontentarsi di far finta, di mimare la vita, quella vita che sarebbe "troppo" per loro. Ad esempio, un giorno un paziente mi ha raccontato che, il venerdì mattina, avevano un'"attività croissant". Stupito, gli ho chiesto in cosa consistesse e lui mi ha risposto che si trattava di mangiare dei croissant... In un approccio clinico di questo tipo, chi è fuori dalla norma vive una vita in cui non fa mai le cose "per davvero" (come direbbero i bambini). Noialtri, "felici normali" – senza voler offendere il lettore – mangiamo croissant, montiamo a cavallo e suoniamo, mentre i disabili e i malati (gli "anormali") fanno delle "attività". È proprio questo che *non* facciamo con Julien.

Il giorno della festa della musica, per esempio, abbiamo visitato diversi servizi di pediatria e abbiamo suonato per i bambini ospedalizzati. Alcuni vicini – tra cui un bambino che faceva parte di un gruppo di Down del Centro – attratti dalla musica, si sono uniti al gruppo. Quando suonavamo per il nostro pubblico eravamo dei veri musicisti, l'unica "etichetta" che ci legava era quella della musica, quella delle affinità condivise.

Attualmente Julien suona in diversi gruppi musicali. Nessuno, assolutamente nessuno dei sintomi che l'avevano portato a rivolgersi ai servizi psichiatrici è scomparso e non credo che scomparirà mai. Ma in compenso, nulla evoca più nella sua vita, o in quella della sua famiglia e delle persone che lo circondano, la minima tristezza, la minima disperazione. Non c'è più traccia dell'angoscia dell'epoca in cui la pretesa era quella di trovare qualcuno, un professionista, che aiutasse Julien a disfarsi dei suoi sintomi affinché potesse emergere un altro Julien sano e normale.

Una *clinica della situazione e del legame* si fonda anche su questo tempo condiviso, su questo "non-sapere" riguardo all'altro. Questo non-sapere che nessuna classificazione costruita a colpi di statistiche può cancellare e che consente di scoprire e di sviluppare le mille e una potenzialità che ognuno di noi, senza saperlo, possiede. Come abbiamo già ricordato, Spinoza nella sua *Etica* afferma – è l'asse portante della sua opera – che "non si sa mai di cosa è capace il corpo". Riconoscere di ignorare ciò di cui il corpo è capace significa ammettere che il sapere, quello accademico e professionale, è necessario, ma non è mai sufficiente. Significa dire che l'etichetta e la diagnosi non devono schiacciare la molteplicità che rende ciascuno di noi una persona a tutto tondo. Che non sappiamo come un corpo possa interagire con altri per sviluppare le proprie potenzialità, attraverso la potenza degli altri e con gli altri, per stabilire legami non utilitaristici, ma fondati sulle affinità elettive.

Il nostro fine quindi non è quello di cercare l'etichetta che corrisponda fatalmente a un paziente, perché nessuno, come abbiamo visto, è riducibile a un'etichetta. Ma è sapere come aiutare i pazienti e le loro famiglie a strutturare le loro relazioni e a sviluppare i legami che costituiscono le loro situazioni in modo da sfruttarne al massimo le potenzialità.

Oggi Julien non è né più forte, né più debole. È una persona che, grazie alla creazione di legami con gli altri attraverso la sua arte, abita lo spazio della fragilità, quello della situazione, nel quale tutti dipendiamo dagli altri. Questa dipendenza non è una condanna né un limite: è invece la base di ciò che Spinoza contrappone alle passioni tristi, la base della gioia, delle *passioni gioiose*. Sono queste passioni che dischiudono nuove dimensioni della vita, al di là della nostra piccola vita individuale.

9. La "direzione della cura"

Attraverso questo lavoro abbiamo cercato di illustrare in che modo la nostra attività terapeutica è chiamata urgentemente a rispondere, da uno o due decenni a questa parte, a istanze di nuovo tipo e in un contesto mutato. Anche la psicoterapia infantile si trova a operare in un contesto di crisi – non nel senso di un dramma, ma piuttosto nel senso di una rottura storica e dell'imprevedibilità del futuro della nostra società; questo ci deve indurre a riflettere sulle nostre risposte, che nella loro forma più classica sono valide ormai solo per una minoranza di casi, e a riformulare i nostri riferimenti clinici e le nostre teorie, ma soprattutto le nostre pratiche e lo spirito che le guida.

Un'ipotesi teorica e pratica

Nel servizio di psicoterapia del bambino e dell'adolescente in cui lavoriamo, abbiamo cercato di sviluppare, con i nostri colleghi, le basi di questa clinica. Prendendo spunto da esperienze svolte in passato altrove,[1] abbiamo cercato di strutturare, in funzione dei nostri saperi e del nostro ruolo sociale, l'accoglienza dei bambini e degli ado-

---

[1] Per esempio, l'Associazione di salute mentale "La Nouvelle Forge", che si ispira al movimento di psicoterapia istituzionale all'interno di una sezione di psichiatria infantile e dell'adolescenza.

lescenti in difficoltà e dei loro genitori. Il perno di questo dispositivo è il confronto terapeutico con il bambino inscritto nelle sue relazioni familiari.

Il dispositivo si fonda sull'idea di "direzione della cura", cioè sull'impegno del medico, in quanto professionista ma anche in quanto persona, ad accompagnare il gruppo genitori-bambino per tutta la durata – breve o prolungata – del percorso di cura del bambino. Come vedremo questa funzione, piuttosto complessa, si basa sull'incontro, sull'instaurazione di legami e su un lavoro di creazione comune di pensieri e di rappresentazioni che favoriscano l'emergere di progetti e di orientamenti, ovvero di una direzione della cura intrapresa.

Il primo sforzo – e qui non c'è niente di originale – è quello di spostare l'attenzione dal sintomo per entrare nella ricchezza di ciò che lo determina e creare anche qui nuovi legami di senso, relazionali ma anche temporali, mettendo in luce la complessità del sintomo e la sua importanza per il paziente e per le persone che lo circondano. Cerchiamo così di discostarci da una clinica puramente sintomatica e fondata sulla classificazione, quale quella che, come abbiamo visto, si vorrebbe imporre mediante il paradigma sintomo-bersaglio-farmaco. Paradigma sostenuto sia da coloro che vogliono risparmiare sia da coloro che vogliono ricavare profitti, a dispetto di un atteggiamento realmente psicoterapeutico, capace cioè di creare legami tra le persone.

In effetti abbiamo constatato che le famiglie in crisi (che hanno dei problemi o che per lo meno vengono catalogate come problematiche) finiscono pian piano per assomigliare a questo insieme disparato e disperso di sintomi di vario genere. A questi sintomi corrispondono una moltitudine di tecnici che generalmente non si conoscono e non coordinano le loro azioni. Questa dispersione dei sintomi e dei problemi dei pazienti non è il semplice risultato di una mancanza di coordinamento, ma rivela piuttosto una certa concezione della *presa in carico dell'individuo*, in cui l'individuo stesso viene sezionato e visto come un catalogo di sintomi. Ma come è possibile aiutare e comprendere qualcuno se lo si percepisce innanzitutto come un ammasso di problemi?

A fronte di una concezione di questo tipo, di stampo positivista, noi ne sosteniamo un'altra – antipositivista? – secondo la quale il tutto – la persona o la famiglia – è molto più della somma delle parti. Cerchiamo di spiegarci meglio: un bambino può dormire male, non mangiare, essere molto distratto, avere crisi violente... Diciamo che può presentare una serie di sintomi che nessuno di noi evidentemente ignora. Ma il *tutto*, questo *tutto* della persona multidimensionale, che è ben di più di un mero assemblaggio dei suoi sintomi, non può emergere che in uno spazio di non-sapere e quindi di scoperta condivisa. La clinica dell'accompagnamento consente proprio questo.

Dobbiamo precisare questa idea di direzione di cura. Il termine "direzione" non va inteso qui nel senso di posizione gerarchica, di potere su un altro o su degli altri, ma nel suo significato originario di orientamento, di movimento verso... Si tratta di un accompagnamento nel corso del quale il clinico deve assumersi la responsabilità, nei confronti della famiglia e della persona-paziente, di cercare insieme una direzione capace di modificare la situazione presente. Non è quindi tanto l'aspetto tecnico di indicazione in senso medico che entra in gioco in questo contesto. La preoccupazione è piuttosto quella di costruire con la famiglia uno spazio simbolico che eviti di ridurre l'individuo alla visione unidimensionale del suo problema.

Mediante questo approccio cerchiamo di elaborare una pratica clinica adeguata alla crisi. La *direzione* è quella che dobbiamo foggiare insieme, con tutti i soggetti coinvolti, il paziente, la famiglia. È la base a partire dalla quale deve emergere il senso del lavoro comune e dei progetti da mettere in opera. Per questo possiamo affermare che il *senso* della cura, il *perché* di questo lavoro, non preesistono alla psicoterapia: la persona non giunge da noi perché le "iniettiamo" una direzione, un senso. Il senso è ciò che potrà essere costruito con l'accompagnamento del clinico, e che costituirà il perno del lavoro.

L'atteggiamento utilitaristico che tende a imporsi nelle nostre strutture sociali e in ciascuno di noi pretende di sapere tutto e subito dei bisogni e del benessere del bambino. Il nostro intervento mette in discussione questo punto di vista. Noi pensiamo che questo sapere non esista *a priori*, ma che emergerà in un modo o nell'altro nel corso della ricerca comune di una direzione da seguire. Così, quella che è nata come semplice risposta alla dispersione della presa in carico è diventata, per forza di cose, una critica della visione utilitaristica della clinica: la direzione della cura è un'ipotesi teorica e pratica che consente di passare da una medicina della classificazione a una clinica dell'accompagnamento e dell'impegno da parte del terapeuta.

Un rimedio alla dispersione

Oggi in Francia c'è una notevole carenza di strutture psichiatriche adeguate alla realtà delle famiglie. Questa carenza è drammatica per i giovani adulti che hanno gravi difficoltà psicologiche; ma a essa si aggiunge il rischio della dispersione della presa in carico, che abbandona le famiglie a se stesse.

In un servizio la famiglia si sentirà dire che per potersi occupare del loro bambino devono essere lasciati soli a lavorare con lui, nella massima "intimità": "Non vogliamo che la famiglia invada il nostro campo di intervento". Qualche tempo dopo, quando il figlio non sarà più accolto in quel servizio, i genitori riusciranno a trovarne un altro, il più delle volte grazie a ricerche svolte autonomamente. E lì si sentiranno magari proporre una terapia familiare: "È importante che partecipi tutta la famiglia". Ma poi un altro clinico spiegherà loro che i farmaci rappresentano l'unica possibilità di guarigione: nel caso che insorgano delle crisi, la famiglia dovrà affidare il bambino a un servizio clinico o a una comunità, rompendo qualsiasi legame con lui, almeno per un certo periodo. Le famiglie finiscono per trascinarsi dietro il proprio dolore e il proprio bambino "difficile" come un'autentica stigmate in una società che non vuole vedere i suoi "membri feriti", che rifiuta di guardare in faccia la fragilità. L'ultima alternativa è quella di abbandonare il bambino in un istituto o di vivere con lui chiedendosi con angoscia: "Che ne sarà di lui quando non ci saremo più?".

La stessa dispersione caratterizza le relazioni delle famiglie con gli altri soggetti e con le istituzioni (la scuola, la giustizia, il sociale ecc.). Ne deriva una sorta di esilio e una grande incertezza, che è il prezzo quotidiano che devono pagare le famiglie in cui uno dei membri ha dei problemi psichici. La "direzione della cura" cerca di superare l'imperativo dell'"autonomia", in nome dello sviluppo dei legami e delle affinità elettive. Come fare per evitare che la persona in difficoltà si ritrovi nella triste situazione in cui non è più nient'altro che un'etichetta, un insieme di sintomi? In questo senso, la direzione della cura è un'ipotesi di lavoro che implica la resistenza alla visione normalizzatrice di una certa clinica psichiatrica. È importante introdurre un momento di riflessione che ci consenta di passare dalla domanda normalizzata "Cosa capita a questo bambino?" a quella che ci si pone con lui e la sua famiglia: "Perché questo bambino è stato condotto da noi?".

Può sembrare una banale sfumatura linguistica, ma non è così: perché dalle due domande prendono le mosse due diverse concezioni cliniche della cura. Se chiediamo cosa capita a un bambino, fondiamo il nostro ragionamento su una griglia di lettura che impone implicitamente una norma, il livellamento a qualcosa di comunemente accettato. La seconda domanda prevede la possibilità di resistere alla normalizzazione sociale, alla *valutazione-classificazione*, agli ideali produttivistici della nostra società. Non sapere perché ci portano questo bambino, tentare di dare una prima risposta a questa domanda, significa inaugurare uno spazio di libertà e di tolleranza al di là delle certezze sociali dominanti.

Quando una persona ferita arriva al pronto soccorso, il medico si chiede innanzitutto: "Cos'è successo a questa persona? Che ferite ha riportato?". In un servizio di neuropsichiatria infantile, chiedendo "Perché questo bambino è stato portato da noi?" invitiamo l'altro a sviluppare la sua molteplicità, facendogli capire che per noi il fatto che si discosti dalla norma non è un'informazione sufficiente o essenziale. Alla visione normalizzatrice del paziente come insieme di sintomi, contrapponiamo la percezione della persona, di ogni persona, come un *modo di essere*: ciascuno di noi esiste attraverso il proprio modo di porsi in relazione con il mondo, con gli altri, con il pensiero, con il corpo, con il piacere e con le costrizioni...

Rispettando il modo in cui il suo paziente desidera, determina un modo di essere, una singolarità, il clinico si svincola dall'imperativo di farlo assomigliare il più possibile a un *dover essere* maggioritario. Si tratta invece di fare in modo che ciascuno possa conoscere il proprio *dover fare* sviluppando le proprie capacità, e non identificandosi con le proprie mancanze. Per questo motivo, il problema principale del clinico non dovrebbe riguardare l'appartenenza a una scuola o le scelte teoriche, e nemmeno l'approvazione o meno dell'uso di farmaci, ma lo sviluppo di una clinica che non si accontenti di eliminare i sintomi per ridurre l'angoscia, una clinica all'altezza della situazione storica attuale.

Infatti nella crisi attuale, che è crisi dei fondamenti della cultura, l'*homo œconomicus* supplisce alla mancanza di senso con l'economia, che diventa per lui il senso *della* vita e *per* la vita. Ma è ridicolo pensare l'uomo come se esistesse un'economia astratta, al di là dell'umano, che esercita la sua dittatura sull'umanità. Nell'economicismo il mondo divenuto merce, che è un prodotto degli uomini, produce a sua volta un tipo d'uomo e di vita inseparabili dagli oggetti economici. Come non esiste l'individuo, che è una costruzione immaginaria che tenta di sostituirsi alla persona, non esiste nemmeno un essere umano astratto che contempli dall'esterno, dall'alto della sua purezza, lo sviluppo del mondo-merce.

Attualmente, il problema del clinico è quindi di liberarsi dal primato dell'aspetto economico, che lo costringe ad assumere il ruolo di amministratore di cure psichiche rivolte a utenti-consumatori. Essere davvero "al servizio dell'interesse del bambino" implica a nostro parere la capacità di elaborare metodi di cura che siano in grado di aiutare i nostri pazienti in un percorso di sviluppo multidimensionale, di costruzione e ricostruzione dei legami. In conclusione, oggi per essere al servizio della vita è necessario praticare un certo grado di resistenza. Resistere significa anche opporsi e scontrarsi, ma non dimentichiamo che, prima di tutto, *resistere è creare*.[2]

---

[2] Florence Aubenas e Miguel Benasayag, *Résister, c'est créer*, La Découverte, Paris 2002.

Conclusione: come resistere a questo mondo di bruti?

Le riflessioni e le ipotesi che abbiamo proposto non hanno evidentemente niente a che vedere con un trattato, ma sono un invito, l'inizio di un cammino che desideriamo condividere con tutti coloro che non vogliono rassegnarsi alla tristezza dominante nelle nostre società.

Le passioni tristi, l'impotenza e il fatalismo non mancano di un certo fascino. È una tentazione farsi sedurre dal canto delle sirene della disperazione, assaporare l'attesa del peggio, lasciarsi avvolgere dalla notte apocalittica che, dalla minaccia nucleare alla minaccia terroristica, cala come un manto a ricoprire ogni altra realtà. È a questo che ciascuno di noi deve resistere... creando. Infatti sappiamo bene che le passioni tristi sono una costruzione, un modo di interpretare il reale e non il reale stesso. Non possono far altro che arretrare di fronte allo sviluppo di pratiche gioiose.

Certo, la nostra epoca scopre le falle del progetto della modernità (rendere l'uomo capace di cambiare tutto secondo il suo volere), e resta paralizzata di fronte alla perdita dell'onnipotenza. È anche vero che il discorso sull'insicurezza, servito in tutte le salse, è diventato una sorta di "significante dominante" che vuol dire tutto perché, in fondo, non vuol dire niente... Bisogna però fare molta attenzione. Il discorso sulla sicurezza che giustifica la barbarie e l'egoismo, e che invita a rompere tutti i legami, assomiglia come una goccia d'acqua al discorso sullo "spazio vitale" tenuto nella Germania indebitata e disperata degli anni trenta. Quando una società in crisi aderisce massicciamente e in modo irriflesso a un discorso di tipo paranoico in cui non si parla d'altro se non della necessità di proteggersi o di sopravvivere, arriva il momento in cui tale società si sente "libera" dai principi e dai divieti: "Cari concittadini, l'ora è grave... In nome degli ideali superiori, tutto è permesso". La barbarie bussa alla porta.

I temi della sicurezza, delle condizioni della civiltà e della solidarietà, della protezione delle persone e soprattutto dei più deboli – i bambini, i malati, gli anziani – ci interessano come clinici e come cittadini. Ma l'illusione dell'estirpazione radicale dell'insicurezza appartiene ancora all'utopia modernista dell'onnipotenza umana, di cui non si può non constatare la sconfitta. Fronteggiare la crisi significa innanzitutto riconoscerla e accettarla per favorire l'emergere di nuovi miti e di nuovi valori.

Come clinici, non vogliamo che i nostri pazienti diventino "più forti" dei loro vicini, perché non desideriamo che vivano in un mondo di bruti. Anzi, lavoriamo con loro proprio per cercare di contrastarlo. Ma come si può esercitare questo tipo di resistenza? Una strada potrebbe essere la presa di coscienza individuale dei sintomi e dei problemi, ma questo non serve a farli scomparire. Già Freud constatava che la catarsi non conduce alla cura. Non dobbiamo quindi accontentarci di far comprendere i problemi a livello razionale e intellettivo: significherebbe riconoscere la nostra impotenza. Possiamo cercare di superarla interrogandoci sui percorsi da intraprendere per andare verso la potenza, e poi cercando di creare questi percorsi.

Per evitare la trappola dei desideri velleitari, dobbiamo sostenere i legami concreti che spingono le persone fuori dall'isolamento nel quale la società tende a rinchiuderle in nome degli ideali individualistici. Per questa ragione pensiamo che la presa in carico psicoterapeutica parta dalla profonda necessità di creare dei legami. Dobbiamo però insistere sul fatto che non contrapponiamo all'individuo un'istanza collettiva. Piuttosto, opponiamo lo sviluppo della persona all'impotenza dell'uomo (e non all'individuo). Come possiamo evitare di fare del paziente un uomo isolato con i suoi problemi (è ancora vivo il ricordo dell'isolamento nei manicomi) e accompagnarlo in quanto persona che esiste e si sviluppa nella sua molteplicità all'interno della molteplicità del mondo e delle situazioni? E dire molteplicità significa dire assunzione dei legami del *comune* – del comune con gli altri, con l'ambiente e con se stessi.

In conclusione, per condurre a buon fine il lavoro clinico e psicosociale, per uscire dalla cultura del malessere e della disperazione, occorre... un po' di coraggio! È il cammino da scegliere, perché accompagna i nostri pazienti verso una dimensione di fragilità, in cui l'immaginario brutale che divide il forte e il debole non vale più, e in cui va riconosciuta e assunta questa realtà ontologica: siamo salpati tutti sulla stessa barca e, nella tempesta, nessuno può salvarsi da solo. È il cammino che abbiamo imboccato e di cui vogliamo condividere la costruzione. Questo è il nostro invito.

Indice

7 Breve dichiarazione di intenti

17 1. La crisi nella crisi

25 2. Crisi dell'autorità

39 3. Dal desiderio alla minaccia

47 4. Minaccia ed emergenza

57 5. I limiti della minaccia

71 6. Etica ed etichetta

91 7. La questione del limite

101 8. Verso una clinica del legame

119 9. La "direzione della cura"

127 Conclusione: come resistere a questo mondo di bruti?

Ultimi volumi pubblicati in "Universale Economica"

Rolf Sellin, *I bambini sensibili hanno una marcia in più. Comprenderli, rassicurarli e prepararli a una vita felice*
Enrico Franceschini, *L'uomo della Città Vecchia*
Maurizio Maggiani, *Il Romanzo della Nazione*
Paolo Rumiz, *Il Ciclope*
Gabriele Romagnoli, *Solo bagaglio a mano*
Isabel Allende, *L'amante giapponese*
Chuang Tzu (Zhuangzi)
Marco Missiroli, *Senza coda*
José Saramago, *Storia dell'assedio di Lisbona*
Nicolas Barreau, *Parigi è sempre una buona idea*
Concita De Gregorio, *Mi sa che fuori è primavera*
Michele Serra, *Ognuno potrebbe*
Claudia Piñeiro, *Le vedove del giovedì*
Enzo Gianmaria Napolillo, *Le tartarughe tornano sempre*
Ermanno Rea, *Il sorriso di don Giovanni*
Louise Erdrich, *Il giorno dei colombi*
Karl Ove Knausgård, *L'isola dell'infanzia*
Laurent Mauvignier, *Degli uomini*
Eugenio Borgna, *Il tempo e la vita*
David van Reybrouck, *Congo*
Barbara Berckhan, *Piccolo manuale per persone vulnerabili. Costruirsi una corazza personale e non perdere la serenità*
Caroline Vermalle, *Due biglietti per la felicità*
Eli Zaretsky, *I misteri dell'anima. Una storia sociale e culturale della psicoanalisi*

Salvatore Natoli, *L'arte di meditare*. Parole della filosofia
Chiara Saraceno, *Coppie e famiglie*. Non è questione di natura
Giovanni De Luna, *La Resistenza perfetta*
Imre Kertész, *Liquidazione*
Banana Yoshimoto, *Il dolore, le ombre, la magia*
Stefano Benni, *Cari mostri*
Raquel Martos, *Alla fine andrà tutto bene* (e se non va bene... non è ancora la fine)
Alessandro Baricco, *La Sposa giovane*
Eva Cantarella, *Secondo natura*. La bisessualità nel mondo antico
J.G. Ballard, *Tutti i racconti*. Volume II. 1963-1968
Giorgio Candeloro, *Storia dell'Italia moderna*. Volume ottavo. La Prima guerra mondiale, il dopoguerra, l'avvento del fascismo. 1914-1922
Catia Trevisani, *Fiori di Bach*. Per adulti e bambini
Gianfranco Damico, *Il codice segreto delle relazioni*. Usare il cervello per arrivare al cuore
Zeruya Shalev, *Quel che resta della vita*
Kris Verburgh, *La clessidra alimentare*. Dalla ricerca biomedica più avanzata, il nuovo metodo per vivere più sani, più a lungo e più magri
Pino Cacucci, *Nessuno può portarti un fiore*
Piersandro Pallavicini, *Una commedia italiana*
Osho, *Il velo impalpabile*. Discorsi su *Il giardino cintato della verità* di Hakim Sanai
Saverio Tomasella, *L'amore non è mai per caso*. Riconoscere e superare ciò che davvero ci impedisce di trovare la felicità in amore
William McIlvanney, *Il caso Tony Veitch*. Le indagini di Laidlaw
Karl Ove Knausgård, *Un uomo innamorato*
Pallavi Aiyar, *L'incredibile storia di Soia e Tofu*
Richard Sennett, *Lo straniero*
Henry Miller, *Riflessioni sulla morte di Mishima*
Emilio Minelli, Fabrizia Berera, *La rivincita degli emotivi*. Come non farsi dominare dagli stati d'animo negativi
Enrico Ianniello, *La vita prodigiosa di Isidoro Sifflotin*
Vassilis Vassilikos, *Z. L'orgia del potere*

Davide Longo, *Il mangiatore di pietre*
Alberta Basaglia, *Le nuvole di Picasso*. Una bambina nella storia del manicomio liberato
Alessandro Leogrande, *Uomini e caporali*. Viaggio tra i nuovi schiavi nelle campagne del Sud
Massimo Recalcati, *Le mani della madre*. Desiderio, fantasmi ed eredità del materno
Stefano Valenti, *La fabbrica del panico*
Paolo Rumiz, *Come cavalli che dormono in piedi*
Susan Abulhawa, *Nel blu tra il cielo e il mare*
Mimmo Franzinelli, *L'amnistia Togliatti*. 1946. Colpo di spugna sui crimini fascisti. Postfazione di G. Neppi Modona
José Saramago, *Alabarde Alabarde*
Maylis de Kerangal, *Nascita di un ponte*
Maylis de Kerangal, *Riparare i viventi*
Etgar Keret, *All'improvviso bussano alla porta*
Etgar Keret, *Sette anni di felicità*
Sibilla Aleramo, *Amo dunque sono*
Stanislav Grof, *Quando accade l'impossibile*. Avventure in realtà non ordinarie
Paola Negri, *W la pappa!* Dall'introduzione dei cibi solidi all'alimentazione adulta. Educare i nostri figli, e noi stessi, a mangiare sano e bio
Marco Missiroli, *Atti osceni in luogo privato*
Howard Gardner, *La nuova scienza della mente*. Storia della rivoluzione cognitiva
Christina Berndt, *Il segreto della resistenza psichica*. Che cosa ci rende forti contro le piccole e grandi crisi della vita
Mathias Malzieu, *Il bacio più breve della storia*
Alejandro Jodorowsky, *Tre storie magiche*
Emilio Gentile, *Contro Cesare*. Cristianesimo e totalitarismo nell'epoca dei fascismi
Ryszard Kapuściński, *Stelle nere*
Eugenio Borgna, *Di armonia risuona e di follia*
Gian Antonio Stella, *Bolli, sempre bolli, fortissimamente bolli*. La guerra infinita alla burocrazia
Carlo Cottarelli, *La lista della spesa*. La verità sulla spesa pubblica italiana e su come si può tagliare

Lawrence J. Cohen, *Gioca con me*. L'Educazione Giocosa: un nuovo, entusiasmante modo di essere genitori
Michel Foucault, *Il coraggio della verità*. Il governo di sé e degli altri II. Corso al Collège de France (1984)
Marcela Serrano, *Adorata nemica mia*
René Girard, *Miti d'origine*. Persecuzioni e ordine culturale. A cura di P. Antonello e G. Fornari
Marina Panatero, Tea Pecunia, *Giochiamo a rilassarci*. La meditazione per calmare i bambini e renderli più attenti e creativi
Osho, *Lo specchio del cuore*
Piero Gobetti, *Avanti nella lotta, amore mio!* Scritture 1918-1926. A cura di P. Di Paolo
José Saramago, *La caverna*
Erri De Luca, *Sulla traccia di Nives*
Simon Levis Sullam, *I carnefici italiani*. Scene dal genocidio degli ebrei, 1943-1945
Bärbel Wardetzki, *Pronto soccorso per l'anima offesa*. Reagire agli affronti con filosofia e senza risentimenti
Mauro Corona, *La casa dei sette ponti*
Sergio Rizzo, *Da qui all'eternità*. L'Italia dei privilegi a vita
Pino Cacucci, *Mahahual*
Alessandro Baricco, *Smith&Wesson*
Banana Yoshimoto, *Andromeda Heights*. Il Regno 1
'Ala al-Aswani, *Cairo Automobile Club*
Claudia Piñeiro, *La crepa*
Amos Oz, *Giuda*
Amos Oz, Fania Oz-Salzberger, *Gli ebrei e le parole*. Alle radici dell'identità ebraica
Giorgio Candeloro, *Storia dell'Italia moderna*. Volume undicesimo. La fondazione della Repubblica e la ricostruzione. 1945-1950
Charles Bukowski, *Il canto dei folli*. Nuova traduzione di S. Viciani
Paolo Rumiz, *Morimondo*
Franco e Andrea Antonello, *Sono graditi visi sorridenti*
Federico Rampini, *Rete padrona*. Amazon, Apple, Google & co. Il volto oscuro della rivoluzione digitale
Caroline Vermalle, *La felicità delle piccole cose*

Giovanni Floris, *Il confine di Bonetti*
Stanley Coren, *I cani sanno far di conto?* (Quasi) tutto ciò che il vostro cane vorrebbe farvi sapere
José Saramago, *Il viaggio dell'elefante*
Becky A. Bailey, *Facili da amare, difficili da educare*. Crescere i figli con autocontrollo e sensibilità
Michelle Cohen Corasanti, *Come il vento tra i mandorli*
Karl Ove Knausgård, *La morte del padre*
Antonio Tabucchi, *Per Isabel*. Un mandala
Ermanno Rea, *Napoli Ferrovia*
Gabriella Cella Al-Chamali, *Yoga-Ratna. Il gioiello dello yoga*
Carlo Ginzburg, *Il filo e le tracce*. Vero falso finto
Erri De Luca, *Il peso della farfalla*
Michael J. Sandel, *Quello che i soldi non possono comprare*. I limiti morali del mercato
Barbara Berckhan, *Piccolo manuale per imparare a fare e a ricevere critiche*
Kurt Vonnegut, *Perle ai porci* o Dio la benedica, Mr. Rosewater
Alejandro Jodorowsky, *Albina* o il popolo dei cani
Giovanni De Luna, *La Repubblica del dolore*. Le memorie di un'Italia divisa
Gian Antonio Stella, Sergio Rizzo, *Se muore il Sud*
J.G. Ballard, *Tutti i racconti*. Volume I. 1956-1962
Corrado Ruggeri, *Farfalle sul Mekong*. Con una nuova introduzione dell'autore
Rolf Sellin, *Le persone sensibili sanno dire no*. Affrontare le esigenze degli altri senza dimenticare se stessi
Charles Bukowski, *Il sole bacia i belli*. Interviste, incontri e insulti
Mathias Malzieu, *L'uomo delle nuvole*
Eveline Crone, *Nella testa degli adolescenti*. I nostri ragazzi spiegati attraverso lo studio del loro cervello
Michel Foucault, *Il governo di sé e degli altri*. Corso al Collège de France (1982-1983)
Eugenio Borgna, *La dignità ferita*
Imre Kertész, *Kaddish per il bambino non nato*
Alessandro Mari, *Gli alberi hanno il tuo nome*
José Saramago, *Le piccole memorie*

Banana Yoshimoto, *A proposito di lei*
John Cheever, *Una specie di solitudine*. I diari
Yu Hua, *La Cina in dieci parole*
Richard Ford, *Canada*
Manuel Vázquez Montalbán, *Luis Roldán né vivo né morto*
Sophie Hart, *Il club delle cattive ragazze*
Roberto "Freak" Antoni, *Non c'è gusto in Italia a essere Freak. Antologia fantastica di scritti rock*. A cura di O. Rubini
Rainer Sachse, *Come rovinarsi la vita sistematicamente* (e smettere di farlo)
Svagito, *Le radici dell'amore*. Costellazioni familiari: i legami che vincolano e il cammino verso la libertà
Alessandro Chelo, *Il coraggio di essere te stesso*. La ricerca dell'autenticità come strada per il successo
Alberto Cavaglion, *La Resistenza spiegata a mia figlia*. Nuova edizione
James Gleick, *L'informazione*. Una storia. Una teoria. Un diluvio
Remo Bodei, *La filosofia nel Novecento* (e oltre). Nuova edizione
Gaetano Salvemini, *Le origini del fascismo in Italia*. Lezioni di Harvard
Mimmo Franzinelli, *Il Giro d'Italia*. Dai pionieri agli anni d'oro. Postfazione di M. Torriani
Vandana Shiva, *Il mondo del cibo sotto brevetto*. Controllare le sementi per governare i popoli
Gaia Servadio, *Gioachino Rossini*. Una vita
Osho, *Segreti e misteri dell'eros*
Romano De Marco, *Io la troverò*. La serie Nero a Milano
Daniel Kehlmann, *È tutta una finzione*
Gianni Testori, *Il Fabbricone*
Nicolas Barreau, *La ricetta del vero amore*
Simonetta Agnello Hornby, *Via XX Settembre*
Stefano Benni, *Pantera*. Con le illustrazioni di L. Ralli
Giuseppe Catozzella, *Non dirmi che hai paura*
Amos Oz, *Contro il fanatismo*
Giorgio Bocca, *Le mie montagne*. Gli anni della neve e del fuoco
Neil Young, *Il sogno di un hippie*

Agnese Borsellino, Salvo Palazzolo, *Ti racconterò tutte le storie che potrò*
José Saramago, *L'ultimo Quaderno*
Jonathan Coe, *Expo 58*
Erri De Luca, *Storia di Irene*
Claudia Gamberale, *Per dieci minuti*
Domenico Barrilà, *I legami che ci aiutano a vivere. L'energia che cambia la nostra vita e il mondo*
John Foot, *Milano dopo il miracolo. Biografia di una città. Con una nuova prefazione dell'Autore*
Réné Girard, Gianni Vattimo, *Verità o fede debole? Dialogo su cristianesimo e relativismo*
Francesco Dell'Oro, *Cercasi scuola disperatamente. Orientamento scolastico e dintorni*
Osho, *Pioggia a ciel sereno. La via femminile all'illuminazione*
Lars Bill Lundholm, *Il soffio del drago. La serie Omicidi a Stoccolma*
Umberto Galimberti, *Cristianesimo. La religione del cielo vuoto. Opere XX*
Nicholas Wapshott, *Keynes o Hayek. Lo scontro che ha definito l'economia moderna*
Luca Paulesu, *Nino mi chiamo. Fantabiografia del piccolo Antonio Gramsci*
Patti Smith, *Just Kids*
Michele Serra, *Gli sdraiati*
Nathan Filer, *Chiedi alla luna*
Albert Hofmann, *LSD. Il mio bambino difficile*
Isabel Allende, *Il gioco di Ripper*
Pino Cacucci, *Puerto Escondido*
Cristina Comencini, *Due partite*
Marcela Serrano, *Adorata nemica mia*
Charles Bukowski, *Scrivo poesie solo per portarmi a letto le ragazze*
Emmanuel Bove, *I miei amici. Con una nuova postfazione del traduttore*
Alberto Anile, Maria Gabriella Giannice, *Operazione Gattopardo. Come Visconti trasformò un romanzo di "destra" in un successo di "sinistra". Prefazione di G. Fofi*
Eva Cantarella, Luciana Jacobelli, *Pompei è viva*

Isabel Allende, *Amore*. Le più belle pagine di Isabel Allende sull'amore, il sesso, i sentimenti
John Cheever, *I racconti*
Nicolas Barreau, *Una sera a Parigi*
Paolo Di Paolo, *Mandami tanta vita*. Con una nuova postfazione dell'autore
Roberto Saviano, *ZeroZeroZero*
Alejandro Jodorowsky, Marianne Costa, *La Via dei Tarocchi*
Yukio Mishima, *La scuola della carne*
Massimo Recalcati, *Il complesso di Telemaco*. Genitori e figli dopo il tramonto del padre
Michael Bar-Zohar, Nissim Mishal, *Mossad*. Le più grandi missioni del servizio segreto israeliano
Barbara Berckhan, *Piccolo manuale per non farsi mettere i piedi in testa*
Giuseppe Morici, *Fare marketing rimanendo brave persone*. Etica e poetica del mestiere più discusso del mondo
Howard Gardner, *Aprire le menti*. La creatività e i dilemmi dell'educazione
James J. Sadkovich, *La Marina italiana nella seconda guerra mondiale*
Donald Jay Grout, *Storia della musica in Occidente*
Tiziana Bertaccini, *Le Americhe Latine nel Ventesimo secolo*
Mayank Chhaya, *Dalai Lama. Uomo, monaco, mistico*. Biografia autorizzata
Christian Boukaram, *Il potere anticancro delle emozioni*. Da un medico oncologo, un nuovo sguardo sull'insorgenza e la cura della malattia
Giovanni Montanaro, *Tutti i colori del mondo*
Tim O'Brien, *Inseguendo Cacciato*
Simonetta Agnello Hornby, *Il veleno dell'oleandro*
Charles Bukowski, *Il Capitano è fuori a pranzo*. Nuova traduzione di S. Viciani. Illustrazioni di R. Crumb
Nora Ephron, *Il collo mi fa impazzire*. Tormenti e beatitudini dell'essere donna
Andrea Camilleri, *I racconti di Nené*. Raccolti da Francesco Anzalone e Giorgio Santelli
Daniel Barenboim, *La musica è un tutto*. Etica ed estetica
Doris Lessing, *Echi della tempesta*

Ivana Castoldi, *Riparto da me*. Trasformare il mal di vivere in una opportunità per sé
Flavio Caprera, *Dizionario del jazz italiano*
Giorgio Candeloro, *Storia dell'Italia moderna*. Volume nono. Il fascismo e le sue guerre. 1922-1939
Giorgio Candeloro, *Storia dell'Italia moderna*. Volume decimo. La seconda guerra mondiale. Il crollo del fascismo. La Resistenza. 1939-1945
Luciano Bianciardi, *L'integrazione*
Gianni Mura, *Ischia*
Pierre Grimal, *L'arte dei giardini*. Una breve storia. A cura di M. Magi. Presentazione di I. Pizzetti
Vanna Vannuccini, Francesca Predazzi, *Piccolo viaggio nell'anima tedesca*. Nuova edizione
Osho, *L'eterno contrasto*. A cura di Anand Videha
Raquel Martos, *I baci non sono mai troppi*
Giovanni Testori, *La Gilda del Mac Mahon*
Daniel Pennac, *Storia di un corpo*
Antonio Tabucchi, *Autobiografie altrui*. Poetiche a posteriori
Baricco, Benni, Carofiglio, Covacich, Dazieri, Di Natale, Giordano, Pascale, Starnone, *Mondi al limite*. 9 scrittori per Medici Senza Frontiere. Disegni di E. Giannelli
Michel Foucault, *Follia e discorso*. Archivio Foucault 1. Interventi, colloqui, interviste. 1961-1970. A cura di J. Revel
Giorgio Bocca, *È la stampa, bellezza!* La mia avventura nel giornalismo
Gabriella Turnaturi, *Signore e signori d'Italia*. Una storia delle buone maniere
S.O.S. Tata. Dai 6 ai 9 anni. Nuovi consigli, regole e ricette per crescere ed educare bambini consapevoli e felici. A cura di E. Ambrosi
Richard H. Thaler, Cass R. Sunstein, *Nudge. La spinta gentile*. La nuova strategia per migliorare le nostre decisioni su denaro, salute, felicità
William McIlvanney, *Come cerchi nell'acqua*. Le indagini di Laidlaw
Richard Ford, *L'estrema fortuna*
John Cheever, *Sembrava il paradiso*

Domenico Rea, *Mistero napoletano*. Vita e passione di una comunista negli anni della guerra fredda. Postfazione di S. Perrella
Chiara Valentini, *Enrico Berlinguer*. Nuova edizione
Robyn Davidson, *Orme*. Una donna, quattro cammelli e un cane nel deserto australiano
Erri De Luca, *Solo andata*. Righe che vanno troppo spesso a capo
Paolo Sorrentino, *Tony Pagoda e i suoi amici*
Janne Teller, *Niente*
Paolo Rossi con Federica Cappelletti, *1982*. Il mio mitico Mondiale
Guido Crainz, *L'ombra della guerra*. Il 1945, l'Italia
Carlo Ginzburg, *Rapporti di forza*. Storia, retorica, prova
Leela, Prasad, Alvina, *La vita che vuoi*. Le leggi interiori dell'attrazione
Jean-François Lyotard, *La condizione postmoderna*. Rapporto sul sapere
Arnulf Zitelmann, *Non mi piegherete*. Vita di Martin Luther King
Ruggero Cappuccio, *Fuoco su Napoli*
Gianni Celati, *Recita dell'attore Vecchiatto*. Nuova edizione
Henry Miller, *Nexus*
Daniel Glattauer, *Per sempre tuo*
Louise Erdrich, *La casa tonda*
Amos Oz, *Tra amici*
José Saramago, *Oggetto quasi*. Racconti
Paolo Di Paolo, *Raccontami la notte in cui sono nato*. Con una nuova postfazione dell'autore
Michael Laitman, *La Cabbala rivelata*. Guida personale per una vita più serena. Introduzione di E. Laszlo
Patch Adams, *Salute!* Curare la sofferenza con l'allegria e con l'amore
Martino Gozzi, *Giovani promesse*
Alejandro Jodorowsky, *Il maestro e le maghe*
Benedetta Cibrario, *Lo Scurnuso*
Michele Serra, *Cerimonie*
Stefano Benni, *Di tutte le ricchezze*
Cristina Comencini, *Lucy*

Danny Wallace, *La ragazza di Charlotte Street*
Grazia Verasani, *Quo vadis, baby?*
Devapath, *La potenza del respiro*. Dieci meditazioni del metodo Osho Diamond Breath® per arricchire la tua vita
Donne si diventa. Antologia del pensiero femminista. A cura di E. Missana
Nicholas Shaxson, *Le isole del tesoro*. Viaggio nei paradisi fiscali dove è nascosto il tesoro della globalizzazione
Salvatore Niffoi, *Pantumas*
Lucien Febvre, *L'Europa*. Storia di una civiltà. Corso tenuto al Collège de France nell'anno accademico 1944-1945. A cura di Thérèse Charmasson e Brigitte Mazon. Presentazione dell'edizione italiana di C. Donzelli. Presentazione dell'edizione francese di M. Ferro
Kevin D. Mitnick, con la collaborazione di William L. Simon, *L'arte dell'hacking*. Consulenza scientifica di R. Chiesa
Nicola Gardini, *Le parole perdute di Amelia Lynd*
Ermanno Rea, *La dismissione*
Cesare De Marchi, *La vocazione*
Cesare De Marchi, *Il talento*
Manuel Vázquez Montalbán, *La bella di Buenos Aires*
Pino Cacucci, *¡Viva la vida!*
Elias Khoury, *La porta del sole*
Erri De Luca, *Il torto del soldato*
Barbara Berckhan, *Piccolo manuale di autodifesa verbale*. Per affrontare con sicurezza offese e provocazioni
Richard Sennett, *Insieme*. Rituali, piaceri, politiche della collaborazione
Giuseppe Catozzella, *Alveare*
Banana Yoshimoto, *Moshi moshi*
Alessandro Baricco, *Tre volte all'alba*
Edward W. Said, *Dire la verità*. Gli intellettuali e il potere
Stefano Bartolini, *Manifesto per la felicità*. Come passare dalla società del ben-avere a quella del ben-essere
Salvatore Lupo, *Il fascismo*. La politica in un regime totalitario
Giorgio Bassani, *L'odore del fieno*
Kahlil Gibran, *Gesù figlio dell'uomo*